Hallihallo,

wir sind Mimo, das **Mi**ni**mo**nster, und Pumo, das **Pu**nkte**mo**nster. Wir gehören zu den Lesemonstern. Wir lieben Buchstaben und mögen keine Zahlen. Wir haben uns für dich viele schöne Leseübungen ausgedacht. Mit viel Freude sollst du ein richtiger Leseprofi werden.

Du kannst mit diesem Leseheft **selbstständig** üben. Wie das geht, erfährst du in Aufgabe 1. Trenne, bevor du mit deiner Arbeit beginnst, den Lösungsteil und die Urkunde in der Heftmitte heraus.

Nach jeder Aufgabe findest du unten einen Buchstaben. Nachdem du eine Aufgabe bearbeitet und kontrolliert hast, suchst du den passenden Buchstaben auf deiner Urkunde und malst das Feld aus.

Die Aufgaben werden im Laufe des Heftes immer schwieriger bis hin zum letzten Teil, in dem du eine Leseprobe bearbeiten darfst.

Übrigens: Immer wenn du ein Sternchen* siehst, wird dir dieses Wort am Seitenende erklärt.

Viel Spaß wünschen dir deine Lesemonster
Mimo und Pumo

Teil 1: Leichte Aufgaben

1 Mimo und Pumo erklären gerne

Mimo und Pumo erklären dir, wie du mit dieser Lernhilfe arbeitest.

1a Lies dir die Sätze genau durch und verbinde sie mit dem passenden Bild.

1 Bearbeite eine Aufgabe und kontrolliere danach mit Hilfe des Lösungsteils genau.

2 Male, wenn du eine Aufgabe bearbeitet und kontrolliert hast, den entsprechenden Buchstaben auf deiner Urkunde aus.

3 Mimo und Pumo geben dir Hinweise und Tipps.

4 Mache nach 30 Minuten eine Pause.

▶ Schreibe das Lösungswort auf! Du erfährst, welches Haustier Mimo und Pumo haben.

Lösungswort:

1	2	3	4

Mimo und Pumo haben einen ______ als Haustier.

1b Male ihr Haustier rechts neben Mimo und Pumo.

Male das Feld mit diesem Buchstaben auf deiner Urkunde in der Heftmitte aus! → **L**

2 Wortschlangen

2a In den folgenden 3 Wortschlangen sind die Wortgrenzen verwischt. Trenne die Wörter mit Strichen voneinander ab.

2b Trage die Anfangsbuchstaben der gefundenen Wörter unten in die Schlange ein. Sie ergeben einen Lösungssatz.

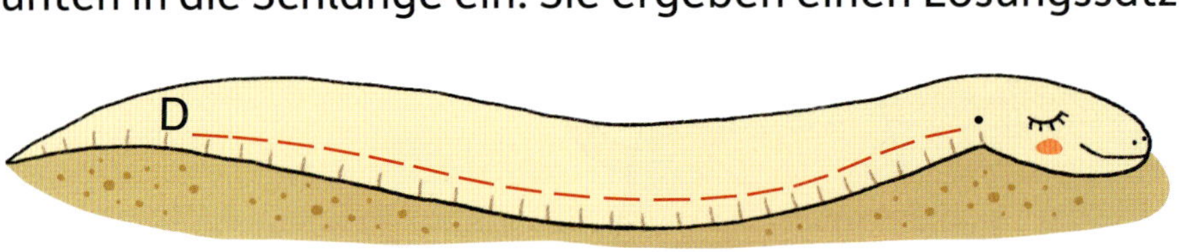

Das ist ja noch eine Wortschlange!

▶ Trenne wieder mit Strichen.

3 Hier passt was nicht!

In jedem Buch passt ein Wort nicht.
Streiche es durch!

Tipp: Überlege dir, was die einzelnen Wörter bedeuten.

hüpfen
wandern
schlummern
stolpern
schleichen

entdecken
beobachten
anschauen
verschlafen
sehen

schlucken
kauen
trösten
abbeissen
fressen

erzählen
flüstern
fragen
rufen
schreiben

Worterklärungen:
schlummern = sanft schlafen
schleichen = langsam und leise gehen
trösten = zu einer traurigen Person etwas Nettes sagen
entdecken = etwas plötzlich sehen
beobachten = etwas länger ansehen
flüstern = ganz leise sprechen

4 Zungenbrecher

Dieser Satz wird zu einem Zungenbrecher, wenn du versuchst, ihn 5-mal schnell hintereinander laut und deutlich zu sprechen. Mache aber nicht allzu lange Pausen zwischen den Wörtern – das gilt nicht.

Es lagen zwei zischende Schlangen zwischen zwei spitzen Steinen und zischten dazwischen.

Wie oft schaffst du es, ohne dich zu versprechen? Trage es in die Tabelle ein.

	Datum	Wie oft?
1. Versuch		
2. Versuch		
3. Versuch		

Versuche es auch noch mit diesem Zungenbrecher:

Der Potsdamer Postkutscher putzt den Potsdamer Postkutschenkasten.

	Datum	Wie oft?
1. Versuch		
2. Versuch		
3. Versuch		

r

5 Wer sagt oder tut was?

Lies dir den Text einmal leise durch.

Tim übt Klavier. Marie sitzt gerade an ihren Hausaufgaben. Ihr Hund Dodo kann das Geklimper nicht mehr ertragen.

► Schreibe in die Zeilen, wer etwas tut oder sagt.
Lies dir den Text noch einmal durch und überprüfe.

______ schimpft: „Ich kann so nicht arbeiten!“

______ hat sich unter dem Sofa versteckt.

______ sagt: „Aber Mama hat gesagt, ich müsse üben!“

______ nimmt die Schulsachen und geht.

______ läuft schwanzwedelnd hinter ihr her.

______ spielt nur noch ein Lied und hört dann auf.

______ kommt mit dem Lesebuch wieder rein.

______ kaut auf seinem Knochen.

______ kann in Ruhe Hausaufgaben machen.

6 Was erklären Mimo und Pumo?

Mimo und Pumo haben einen Freund zu Besuch. Er kommt von weit her und heißt Hakon. Wenn Hakon ein Wort nicht gleich versteht, müssen Mimo und Pumo es ihm erklären.

6a Hier findest du acht Erklärungen. Schreibe die gesuchten Wörter auf.

Tipp: Wenn dir bei einer Erklärung nicht gleich das passende Wort einfällt, mache weiter und versuche es am Schluss noch einmal.

Das ist eine Pflanze. Sie heißt genauso wie der Zahn eines gefährlichen Raubtieres:

L	Ö	4						

Sie ist aus gekochten Früchten. Du kannst sie auf das Brot streichen:

M		3						

Das ist ein Meeressäugetier:

D	7		F		

Dies ist ein Zeichen in der Musik. Du bekommst sie auch in der Schule auf Proben:

N			5

Prinzessinnen wohnen darin. Eine Tür ist damit versperrt:

S				2		

Das ist eine Obstsorte. Sie kann aber auch hell leuchten:

B			8	

Du kannst mit ihm malen. Er hat weiche oder harte Haare, die man Borsten nennt:

P		1			

Das ist ein Tier. Manchmal bildet sie sich auch an der Kasse im Supermarkt:

S						6	

6b Die jeweilige Zahl führt dich zum Lösungswort. Dadurch erfährst du, aus welchem Land Hakon kommt.

Trage das Lösungswort mit Großbuchstaben in die Kästchen ein. Hakon kommt aus:

1	2	3	4	5	6	7	8

7 Redewendungen*

Was ist mit diesen Redewendungen gemeint?
Kreuze an!

7a „Jemandem auf den Wecker gehen." bedeutet:
- ◯ Jemandem den Wecker stellen.
- ◯ Jemanden stören oder aufregen.
- ◯ Sich zu einer bestimmten Zeit verabreden.

7b „Jemandem einen Bären aufbinden." bedeutet:
- ◯ Jemanden anschwindeln.
- ◯ Mit einem Bären ein Kunststück aufführen.
- ◯ Jemandem etwas andrehen, was er nicht möchte.

7c „Da bin ich mit meinem Latein* am Ende." bedeutet:
- ◯ Ich muss nie wieder Latein lernen.
- ◯ Hier weiß ich nicht mehr weiter.
- ◯ Ich weiß nicht, wo das Ende ist.

7d „Jemandem etwas heimzahlen." bedeutet:
- ◯ Sich an jemandem rächen.
- ◯ Jemandem Geld zurückgeben.
- ◯ Sich über jemanden ärgern.
- ◯ An jemanden Miete bezahlen.

* Redewendung = ein feststehender Ausdruck, der etwas Bestimmtes bedeutet, das meist nichts mit den einzelnen Wörtern des Ausdrucks zu tun hat

* Latein = eine Sprache, die heute nicht mehr gesprochen wird

8 Pumos Durfenschmürz

Pumo hat bei seiner Erzählung Monsterwörter verwendet. Welche Wörter meint Pumo? Schreibe die richtigen Wörter unten auf!

Pumo erzählt:

„Letzte Woche hatte ich meinen 510. **Durfenschmürz**. Dazu lud ich meine besten **Bängelias** ein. Zuerst begrüßte ich die Gäste und **abagate** mich für die Glückwünsche. Meine Mutter hatte uns eine riesige **Draxelpolmuni** aus Schokolade gebacken. Hmm! War die **habilibi**. Am Nachmittag spielten wir viele **Schnapfendürks**. Ich freue mich schon auf meinen nächsten **Durfenschmürz**."

Durfenschmürz =

Bängelias =

abagate =

Draxelpolmuni =

habilibi =

Schnapfendürks =

9 Stolperwörter

9a Lies den Text laut vor. Was fällt dir auf? Kreise überflüssige Wörter ein! Es sind insgesamt **13 Wörter** zu viel im Text.

Tipp: In manchen Sätzen befinden sich auch 2 überflüssige Wörter.

Marks Detektiv-Trick

Schon seit längerer Zeit hatte Mark das Gefühl, dass er seine kleine Schwester Lilly heimlich in seinem Zimmer herumschnüffelte. Jedes Mal, streute wenn er sie Zucker darauf ansprach oder sich bei seiner Mutter beschwerte, säuselte Lilly mit einem in Engelsblick: „Aber was sollte ich denn in den deinem Zimmer suchen? Ich spiele lieber Brief mit meinen Puppen." „Siehst du, Mark, Lilly interessiert sich gar nicht für deine Sachen. Stell dich der doch nicht so an." „Na, toll!", dachte sich Mark. „Meine Mutter ist mir ja eine herausfiel große Hilfe." Als Mark nach ein paar Tagen wieder das Gefühl hatte, dass als Lilly in seinem Zimmer gewesen war und die Briefe seiner Geheimbande gelesen hatte, schmiedete er einen Plan. Nach der Schule legte er einen neuen Brief Lilly auf seinen Schreibtisch und ging wie jeden Donnerstag ins den Fußballtraining. Als er am Brief Abend wiederkam, hatte er den eindeutigen öffnete Beweis.

► Lies den Text nun noch einmal **ohne** Stolperwörter laut vor und überprüfe!

9b Die eingekreisten Wörter ergeben einen Lösungssatz. Schreibe ihn auf! Achte auf die Groß- und Kleinschreibung.

Wie bewies Mark, dass seine kleine Schwester Lilly den Brief gelesen hatte?

Er streute

10 Auf die Betonung kommt es an!

Vergleiche Fragen und Antworten. Welche Wörter sind unterschiedlich? Unterstreiche diese Wörter, denn die musst du beim Lesen besonders betonen.

Fragen	Antworten
Geht Pumo in den Wald?	Nein, Pumo geht in die Höhle.
Geht Mimo in die Höhle?	Nein, Pumo geht in die Höhle.
Wachsen die Bäume im Kreis?	Nein, die Bäume wachsen in Reihen.
Liegen die Bäume in Reihen?	Nein, die Bäume wachsen in Reihen.
Wachsen die Blumen in Reihen?	Nein, die Bäume wachsen in Reihen.
Rennt ein Hund in den Wald?	Nein, ein Reh rennt in den Wald.
Rennt ein Reh in die Höhle?	Nein, ein Reh rennt in den Wald.
Schleicht ein Reh in den Wald?	Nein, ein Reh rennt in den Wald.

► Lies die Fragen und Antworten mit der richtigen Betonung laut vor.

Wenn du das betonte Wort unterstreichst, kannst du einen Text besser vorlesen.

11 So ein Unsinn! Oder doch nicht?

Lies dir den Text einmal Zeile für Zeile durch!

Der Bäcker backt Brot und Häuser
mauert der Maurer die Pflanzen
gießt der Gärtner die Kühe
melkt der Bauer die Post
bringt der Postbote den Kamin
fegt der Schornsteinfeger die Kommas
setzt der Schüler fein
richtig in die Sätze ein.

- Ziehe einen Strich,| wo du eine Pause machen musst.
- Lies den Text noch einmal laut vor. Mache dabei deutliche Sprechpausen.

Merke: Sprechpausen dienen dazu,| einen Text sinnvoll und spannend vorzutragen.| Wenn du beim Vorlesen eine Pause machen möchtest,| ziehe im Text einen Pausenstrich.|

12 Warum gibt es Satzzeichen?

Lies die Antwort von
Herrn Professor Schlaubär.

Herr Schlaubär antwortet diese Frage kann ich gerne beantworten werden keine Satzzeichen gesetzt erkennt man zu spät das Satzende mit Punkt Fragezeichen oder Ausrufezeichen wäre es kein Problem ohne Kommas und mit kleingeschriebenen Satzanfängen sind die Sätze wirklich schwer zu lesen versuche einmal herauszufinden wo die Sätze anfangen trage die richtigen Satzzeichen ein markiere die Buchstaben farbig die man großschreiben müsste weil sie am Satzanfang stehen Großschreibung und Satzzeichen gibt es damit man Texte leichter lesen kann

12a Trage die fehlenden Satzzeichen farbig ein und lies im Text nach, was du noch erledigen sollst. Unterstreiche den Satz, der dir das sagt, rot.

Lies den Text noch einmal und überprüfe.

12b Warum gibt es Satzzeichen?

13 Geheimschriften

3a Was bedeuten die Botschaften? Schreibe auf!

Wannfeierstdude
inengeburtstag?

Wo wohnen Mimo
und Rumo?

Wir treffen uns um 15
Uhr am Fußballplatz.

IC HFEIEREN ÄCHS
TENSA MSTAG.

Ich bringe den
Ball mit.

In einer Höhle.

3b Immer zwei Botschaften gehören inhaltlich zusammen. Male die zusammengehörenden Zettel mit der gleichen Farbe an.

Teil 2: Mittelschwierige Aufgaben

14 Pumos Stundenplan

	Montag	Dienstag	Mittwoch	Donnerstag	Freitag
1.	Bücherweitwurf	Welterkundung	Pfeifen	Monstertanz	Welterkundung
2.	Welterkundung	Welterkundung	Erschrecken	Bücherweitwurf	Matschmalen
3.	Rückwärtslesen	Rückwärtslesen	Bücherweitwurf	Welterkundung	Matschmalen
4.	Erschrecken	Monstertanz	Bücherweitwurf	Höhlenbau	Bücherweitwurf
5.	Kochen		Rückwärtslesen	Höhlenbau	

Kreuze die richtigen Antworten an. In den blauen Kästchen stehen Lösungsbuchstaben. Trage sie der Reihe nach unten ein.

4a An welchem Tag hat Pumo Matschmalen?

◯ Montag Sp ◯ Freitag sch ◯ Mittwoch St

4b Was wird am Mittwoch in der 5. Stunde unterrichtet?

◯ Monstertanz m ◯ Welterkundung a

◯ Rückwärtslesen l

4c An welchem Tag hat Pumo Höhlenbau?

◯ Donnerstag a ◯ Dienstag e ◯ Freitag i

4d Wie viele Stunden Welterkundung hat Pumo in der Woche?

◯ 2 Stunden t ◯ 5 Stunden f ◯ 4 Stunden s

4e An welchem Tag hat Pumo kein Bücherweitwurf?

◯ Montag er ◯ Freitag es ◯ Dienstag en

Lösungswort: _____ _____ _____ _____ _____

Das macht Pumo in der Schule am liebsten:

____

T

15 In den Ferien

Welche Satzteile passen zu dem angefangenen Satz?

Kreuze die passenden Satzteile an! Es können mehrere Antworten richtig sein!

15a Anita sagt: „Ich habe heute Lust, mit dir ins Freibad zu gehen, denn …

- ◯ … heute ist es so schön warm.“ S
- ◯ … ich will lieber auf den Spielplatz.“ A
- ◯ … gestern war es auch schon so schön dort.“ P

15b Ben sagt: „Mama, ich möchte in den Ferien in den Zoo, weil …

- ◯ … wir dort schon lang nicht mehr waren.“ O
- ◯ … ich Tiere nicht so gern mag.“ E
- ◯ … er in den Ferien geschlossen ist.“ T
- ◯ … es dort ein Elefantenbaby gibt.“ R

15c Cleo sagt: „Ich würde gerne ein Eis essen, aber …

- ◯ … ich habe leider kein Geld.“ T
- ◯ … das schmeckt so gut.“ L
- ◯ … heute ist es so schön warm.“ O

Schreibe die Lösungsbuchstaben der Reihe nach auf.

Das macht Mimo gern: ____ ____ ____ ____ ____

16 Verschiedene Pilze

Welcher Pilz passt zu welcher Beschreibung?

6a Lies dir die Beschreibungen durch und schreibe die Nummern oben in die Kästchen.

1 Der Fliegenpilz ist einer der bekanntesten Pilze überhaupt. Angeblich bringt er Glück. Durch seine rote Farbe mit den weißen Punkten erkennt man ihn sofort.

2 Der Steinpilz ist einer der edelsten Pilze. Er hat einen hellbraunen Hut und einen weißen Stiel. Man findet ihn häufig an Waldwegen und auf Lichtungen.

3 Der Knollenblätterpilz sieht harmlos aus, ist aber sehr giftig. Er ist ein ganz weißer Pilz. Sollte man etwas davon essen, muss man sofort ins Krankenhaus.

4 Wegen seines guten Geschmacks gehört der Pfifferling zu den beliebtesten essbaren Pilzen. Der Hut ist hellgelb und steht nach oben ab.

6b Unterstreiche in den Beschreibungen die Wörter, die deine Lösung beweisen.

17 Die sonderbare Stadt Tempone

Kennt ihr schon die Stadt Tempone,
wo Prinz Rückwärts residiert*?
Es ist seltsam und erstaunlich,
was tagtäglich dort passiert!

Jeden Abend geht die Sonne
ganz genau im Norden auf.
Und der Mond beginnt im Süden
und am Morgen seinen Lauf.

Nachts holt man sich dort zum Frühstück
frische Semmeln aus dem Mund,
legt sie fein auf einen Teller,
und dann gibt man sie dem Hund.

Bücher liest man dort vom Ende
bis zum Anfang mit Genuss.
Und dann bringt man sie zum Händler,
der das Buch bezahlen muss.

Mit dem Auto fährt man rückwärts.
Wenn man das Benzin vergisst,
tut man recht, denn man muss tanken,
wenn die Fahrt zu Ende ist.

Bäume fallen dort vom Himmel
bei besonders starkem Wind.
Und sie werden immer kleiner,
bis sie nur noch Samen sind.

Beim Gewitter springen Blitze
von der Erde in die Höh.
Und bei Regen ziehn die Wolken
dicke Tropfen aus dem See.

Kinder, die geboren werden,
sind gewöhnlich siebzig Jahr,
haben schlechte, braune Zähne
und natürlich graues Haar.

Solche Kinder können rechnen,
schreiben, lesen und noch mehr,
und am Herd fällt diesen Kindern
auch das Kochen gar nicht schwer.

Doch sie werden täglich jünger:
Sechzig, fünfzig, vierzig Jahr!
So verlernen sie allmählich
all ihr Können ganz und gar.

Auch ein Schulhaus soll es geben.
Das ist seltsam wie sonst keins.
Für die größten Albernheiten
kriegt ein Kind dort eine Eins.

Kürzlich sprach ich mit dem Sohne
eines alten Stadtgeschlechts.
Danach liegt die Stadt Tempone
hinterm Monde – ziemlich rechts!

*residieren = wohnen

von James Krüss

17a Um welche Textart handelt es sich? Kreuze eins an!

◯ Sachtext ◯ Märchen ◯ Witz ◯ Gedicht ◯ Rätsel

17b Woran hast du die Textart erkannt? Begründe!

17c Unterstreiche im Text die Wörter, die dir sagen, um welche Textart es sich handelt.

17d Welche Sachen könnten in der sonderbaren Stadt noch passieren? Kreuze an!

◯ Hühner fressen während des Eierlegens Pudding.
◯ Flöten saugen Töne auf und verwandeln sie in Luft.
◯ In den Laden bringt man Sachen und bekommt Geld.

18 Frosch und Kröte machen Urlaub

Lies dir die Geschichte aufmerksam durch!

Frosch und Kröte machen im Sommer Urlaub in Italien. Sie wollen ihren Freunden eine Postkarte mit Sonnenuntergang schreiben. Ihre Freunde sollen alle wissen, wie gut es ihnen geht. Frosch und Kröte betreten ein Geschäft und kaufen 25 Ansichtskarten mit Strand, Meer, Palmen und Sonnenuntergang. Dazu kaufen sie noch 25 Briefmarken, bezahlen und verlassen das Geschäft. Plötzlich ruft die Kröte: „Aua!“ Sie war mit dem Kopf an einen roten Blechkasten gestoßen. „Was ist das?“ „Ein Automat“, erklärt der Frosch. „Ein Automat für Postkarten.“ „Wie praktisch!“, ruft die Kröte. „Was steht denn da geschrieben?“

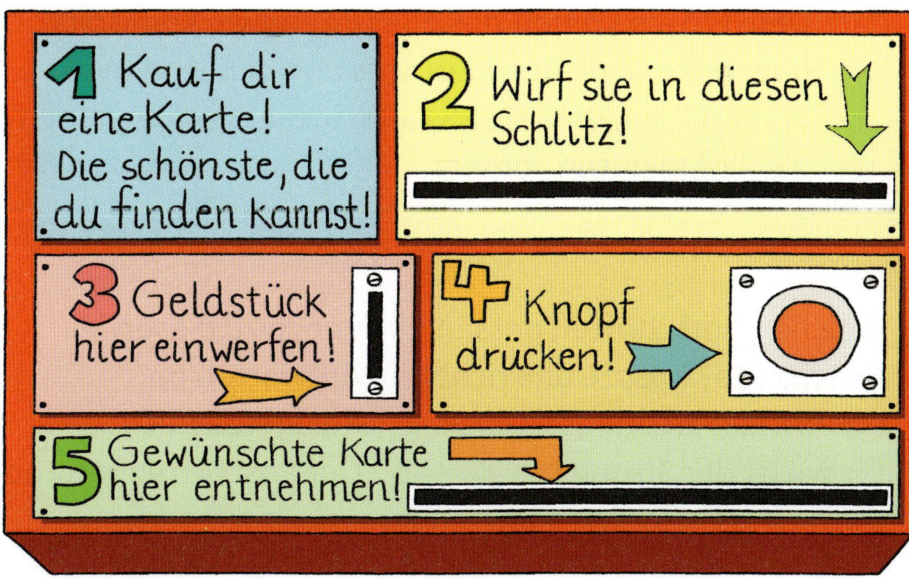

„Das muss ich einmal versuchen!“, ruft die Kröte. Sie nimmt eine der gekauften Karten und wirft sie in den oberen Schlitz. Dann steckt sie eine Münze in den Apparat und drückt auf den Knopf. Es klickt und rasselt. Auf einmal kommt die eingeworfene Karte wieder zum Vorschein. „Es klappt!“, ruft die Kröte begeistert aus. „Hast du gesehen?“ Nun wirft sie auch noch die anderen 24 Karten der Reihe nach ein, steckt 24 Münzen in den Geldschlitz und drückt 24-mal auf den Knopf. Es klickt und rasselt 24-mal, und die 24 eingeworfenen Karten kommen wieder zum Vorschein.

„Was für eine kluge Maschine!“, ruft die Kröte bewundernd.

„Es sind dieselben Karten, die wir gekauft haben, die mit dem Sonnenuntergang!“

Dem Frosch kommt das alles irgendwie komisch vor, aber er kann nicht sagen, was an der Sache faul ist. Er merkt nur, dass sie 25 Geldstücke weniger haben als fünf Minuten vorher.

nach Franz Sales Sklenitzka

18a Welche Überschriften passen auch noch zu dieser Geschichte? Kreuze alle richtigen Antworten an.

- ◯ Postkarten bringen Glück
- ◯ Reingefallen!
- ◯ Wo ist der Strand?
- ◯ Der Postkartenautomat

8b Welcher Satz passt zum Text? Kreuze an und trage die Lösungsbuchstaben unten ein.

Schreibe zu den Sätzen dazu, in welcher Zeile du die Antwort gefunden hast.

1. Frosch und Kröte sind ... Zeile ☐
   - ◯ im Urlaub. GEM
   - ◯ in der Schule. GE
   - ◯ am Strand. SCH

2. Sie wollen in einem Geschäft ... Zeile ☐
   - ◯ nach dem Weg fragen. AU
   - ◯ Postkarten kaufen. EI
   - ◯ sich ein Eis kaufen. EU

3. In den Automaten werfen sie ... Zeile ☐
   - ◯ erst eine Münze, dann eine Postkarte ein. REH
   - ◯ nur Münzen ein. ST
   - ◯ erst eine Postkarte, dann eine Münze ein. NHE

4. Der Frosch findet den Automaten komisch, Zeile ☐
   - ◯ weil sie 25 Geldstücke mehr haben. EN
   - ◯ weil der Automat rot ist. ER
   - ◯ weil sie 25 Geldstücke weniger haben. IT

Lösungswort: ______ ______ ______ ______

Das denkt sich der Frosch:

____

K

19 Das Schwein kam mit der Post

Das Buch „Das Schwein kam mit der Post“ von Jörg Juretzka beginnt damit, dass der Junge Leo von seinem Onkel eine Kiste geschickt bekommt, mit der Bitte, sich um den Inhalt zu kümmern. Wie sich schnell herausstellt, handelt es sich bei dem Inhalt um ein etwas streng riechendes und grunzendes tibetanisches Schwein* namens Agathe. Es soll die nächsten zwei Wochen bei Leo wohnen. Da Leo mit seiner Familie im vierten Stock eines Hochhauses lebt, muss er Agathe sowohl vor seinen Eltern als auch vor dem strengen Hausmeister Günzmann und seiner Frau verstecken. Leider sind die Erwachsenen viel zu neugierig und so muss Leo mit seinen Freunden immer wieder neue Pläne schmieden, wie sie Agathe geheim halten können.

Der Autor Jörg Juretzka, 1955 in Mülheim geboren, lebt dort auch heute noch mit seiner Familie. Er schrieb viele Krimis und noch ein weiteres Kinderbuch, das nach einem Gemüse benannt wurde, das sich in die Lüfte erhebt.

*tibetanisches Schwein = ein Schwein, das aus Tibet, einem Land in Asien, kommt

9a Von wie vielen Erwachsenen handelt die Geschichte?
Kreuze die richtige Zahl an.

◯ 3 ◯ 4 ◯ 5 ◯ 6 ◯ 7

9b In welchem Haus wohnt Leo? Kreuze an.

◯  ◯  ◯  ◯ 

9c Welche Kleidung trägt Leo? Kreuze an.

◯ eine grüne Hose, ein weißes T-Shirt, eine Goldkette
◯ eine kurze Hose, gestreifte Socken, eine Mütze
◯ eine grüne Hose, ein rotes T-Shirt, grüne Schuhe

9d Wo wohnt Jörg Juretzka?

In ____________________

9e Welches Buch schrieb Jörg Juretzka noch? Kreuze an.

◯ Das flinke Apfelmäuschen
◯ Der Sommer der Fliegenden Zucchinis
◯ Mein Papa kann fliegen

20 Warum sind die Dinosaurier ausgestorben?

► Was weißt du schon alles über Dinosaurier?
Überlege kurz, **bevor** du den Text liest.

► Lies dir den Text aufmerksam durch und unterstreiche Wörter, die du nicht verstehst, rot!

Was die Zeilen bedeuten, erfährst du später.

1 ______________________________

Bis heute ist noch nicht völlig klar, warum die Dinosaurier vor ungefähr 65 Millionen Jahren ausgestorben sind. Obwohl es damals über 800 verschiedene Arten gab, lebt heute keiner mehr von ihnen. Eine der bekanntesten Arten war der Tyrannosaurus rex.

2 ______________________________

Verschiedene Ereignisse führten möglicherweise zum Aussterben der Dinosaurier. Eine Theorie besagt, dass ein 10 bis 15 Kilometer großer Himmelskörper auf die Erde prallte. Er riss dabei einen 200 Kilometer breiten und zehn Kilometer tiefen Krater in die Landschaft. Es könnte sein, dass diese Erschütterungen für das Ende der Dinosaurier verantwortlich waren.

3

Eine weitere Annahme ist, dass gewaltige Vulkanausbrüche in Indien für das Massensterben verantwortlich waren. Fast 700 000 Jahre sollen diese Ausbrüche gedauert haben. Sie setzten Unmengen von Lava, Vulkanasche und giftigen Gasen frei.

4

Die dritte Möglichkeit wäre, dass die Tiere immer weniger zu fressen fanden, da sich durch die Klimaveränderung auch die Nahrung veränderte.

5

Am wahrscheinlichsten ist es, dass eine Verknüpfung aus allen drei Ereignissen zum Aussterben der Dinosaurier führte.

6

Über das Vorhandensein von Dinosauriern erfuhr man im Jahr 1822. Damals wurden in England erstmals Dinosaurierknochen gefunden. Dies war ein sehr wichtiger Fund. Denn alles, was man heute über Dinosaurier weiß, erfuhr man durch die Untersuchung der gefundenen Knochen.

- Was wusstest du noch nicht? Überlege es dir.
- Versuche, bevor du weiterarbeitest, herauszufinden, was die rot unterstrichenen Wörter bedeuten.

Du kannst deine Eltern oder Geschwister fragen oder in Büchern und im Internet nachschauen. Falls du nicht weiterkommst, erklären dir die Lesemonster auf der nächsten Seite einige Wörter.

Tipp: Mache dies auch bei anderen Texten, damit du genau verstehst, was du liest.

20a Welche Zwischenüberschriften passen zu den einzelnen Abschnitten? Ordne sie zu und schreibe sie auf die Zeilen.

Bedeutende Knochenfunde SE

Dinosaurierarten SC

Einschlag eines Himmelskörpers HRE

Verändertes Klima CHEE

Verknüpfung der Ereignisse CH

Vulkanausbrüche CKLI

0b Bringe die Lösungsbuchstaben in die richtige Reihenfolge und du erhältst das Lösungswort:

1	2	3	4	5	6

Das bedeutet das Wort „Dinosaurier“:

____

0c Suche die folgende Stelle im Text und vervollständige den Satz.

Es __________

____

__________ verantwortlich waren.

Lesemonster-Mini-Wörterbuch

Annahme = Vermutung

Himmelskörper = alles, was sich am Himmel befindet (z. B. Sterne, Planeten)

Krater = Loch

Lava = flüssiges Gestein

Massensterben = sehr viele Lebewesen sterben gleichzeitig

Theorie = Aussage zur Erklärung bestimmter Tatsachen

Verknüpfung = Verbindung

Vorhandensein = etwas ist da

21 Sommerzeit ist Fahrradzeit

Endlich wird wieder in die Pedale getreten. Es gibt jedoch immer noch viele Leute, die keinen Helm tragen. Dabei kann dieser vor schweren Verletzungen schützen und sogar Leben retten. Herr Flink vom Deutschen Fahrrad Verein erklärt, auf was man beim Kauf eines Fahrradhelmes achten muss.

Lies dir folgendes Gespräch durch.

„Auf was muss man beim Kauf eines Fahrradhelmes besonders achten?“

„Das Wichtigste ist, dass der Helm richtig sitzt. Er darf weder wackeln noch drücken.“

„Woran erkennt man noch, dass der Helm passt?“

„Er muss Stirn, Schläfen* und Hinterkopf abdecken. Der Kinnriemen sollte fest sitzen. Um die Ohren müssen die Riemen ein Dreieck bilden. “

„Gibt es noch weitere zusätzliche Eigenschaften?“

„Reflektierende* Flächen an den Seiten können dafür sorgen, dass man bei Dunkelheit besser gesehen wird. Ein abnehmbares Stirnband schützt die Ohren bei Kälte.“

„Vielen Dank für Ihre guten Ratschläge.“

* Schläfen = eine Stelle seitlich am Kopf, neben den Augen
* reflektierend = leuchtend, strahlt Licht zurück

21a Welche Person hat bei dem Gespräch welche Farbe?
Male die Kreise in der richtigen Farbe an.

◯ Reporter ◯ Herr Flink

21b Um welche Textart handelt es sich? Kreuze an.

◯ Vortrag ◯ Interview* ◯ Fragespiel ◯ Sachtext

21c Streiche falsche Sätze durch.

Der Helm muss locker sitzen und ein bisschen wackeln.

Im Winter wärmt ein abnehmbares Stirnband die Ohren.

Der Helm sollte fest sitzen, aber nicht drücken.

Reflektierende Flächen schützen vor Licht.

Die Ohren müssen ein Dreieck um den Riemen bilden.

Ein Helm kann vor schweren Verletzungen schützen.

* Interview = Befragung; das ist englisch
und wird so ausgesprochen: „Intervju“

22 Optische Täuschungen

Lies den Text!

Von einer optischen Täuschung spricht man, wenn man etwas sieht, das in Wirklichkeit ganz anders ist. Man sieht also etwas, obwohl es so nicht vorhanden ist. Unsere Augen täuschen uns dabei. Optische Täuschungen können Gegenstände in ihrer Größe, Farbe, Form oder Bewegung verändern.

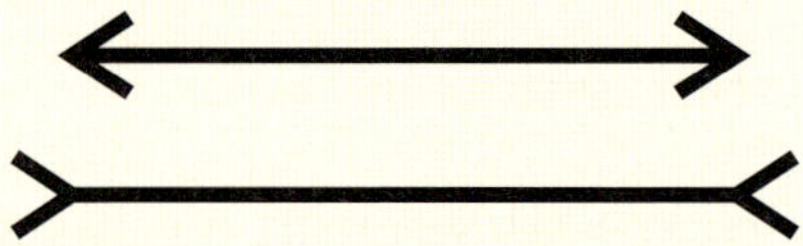

Dieses Bild ist ein Beispiel für eine Täuschung in Bezug auf die Größe. Die beiden Linien sind gleich. Du kannst sie nachmessen! Aber man denkt, die untere Linie ist länger. Das passiert, weil uns die Pfeilspitzen täuschen.

22a Wie heißt das gesuchte Wort, das sich hinter dem Unsinnswort „klumpfen“ verbirgt?

Das passiert, weil uns die Pfeilspitzen klumpfen.
Unsere Augen klumpfen uns dabei.

Das gesuchte Wort heißt: ____________

2b Für die fettgedruckten Wörter findest du andere Ausdrücke im Text. Schreibe sie auf.

... obwohl es so nicht **existiert**.

... können **Objekte** in ihrer Größe verändern.

Die beiden Linien sind **identisch.**

2c Erkläre, was der Ausdruck „Optische Täuschung“ bedeutet. Tipp: Unterstreiche die Sätze, in denen es erklärt wird.

Auch das ist eine optische Täuschung. Siehst du eine Prinzessin oder eine alte Frau?

Tipp: Halte das Bild einmal verkehrt herum.

23 Faszinierendes Krabbeltier: Die Ameise

▶ Lies den Text und unterstreiche Wörter, die du nicht verstehst, rot.

Die Rote Waldameise kommt in ganz Europa, Sibirien und Nordamerika vor und ist hauptsächlich in Nadelwäldern zu finden.

Sie ist überwiegend rot gefärbt, hat aber einen schwarzen Kopf und Hinterleib. Auffällig sind ihre Beißwerkzeuge. Ameisen zählen zu den Insekten.

Die Rote Waldameise ernährt sich von Insekten und Spinnen. Sie sucht sich auch den Honigtau von Blattläusen oder Samen, Pollen und Früchte.

Ameisen können mindestens das Zehnfache ihres eigenen Körpergewichts tragen.

Für die Umwelt sind Ameisen sehr wichtig. Sie schichten die obersten Erdschichten um und tragen so zu einem gesunden Boden bei.

► Versuche, bevor du weiterarbeitest, herauszufinden, was die rot unterstrichenen Wörter bedeuten.

Frage jemanden oder sieh in Büchern oder im Internet nach. Falls du nicht weiterkommst, erklären dir die Lesemonster auf der nächsten Seite einige Wörter.

3a „Lies" mit dem Stift. Markiere jedes wichtige Wort mit einem Leuchtstift oder unterstreiche es grün.

3b Schreibe anschließend eine passende **Zwischenüberschrift** zu jedem Abschnitt auf. Versuche es erst allein, bevor du Pumos Tipp liest.

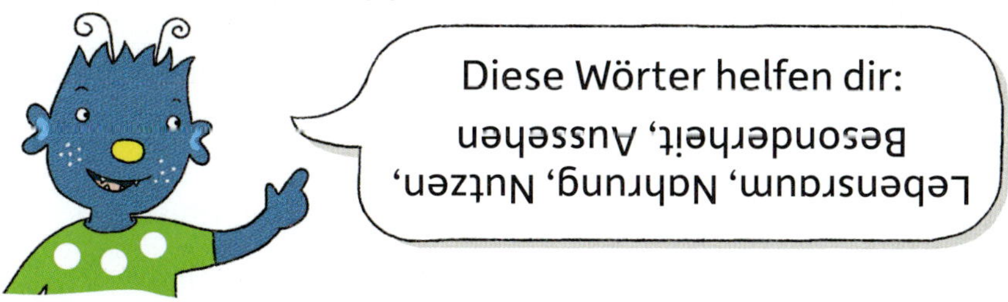

3c Zu welcher Tierart gehören Ameisen? Kreuze an.

◯ Krabbeltiere ◯ Insekten ◯ Spinnen

In welcher Zeile steht das? Zeile ☐

23d Ein Junge freut sich: „Endlich ist der Ameisenhaufen auf der Lichtung weg. Jetzt können wir dort ein Picknick machen, ohne dass ständig Ameisen auf unsere Decke krabbeln."

Ist das eine gute Nachricht für die Umwelt? Erkläre!

Lesemonster-Mini-Wörterbuch

Beißwerkzeuge = damit zerkleinert die Ameise ihr Futter

Blattläuse = ganz kleine Tiere, die auf Pflanzen leben und deren Saft trinken

gefärbt = eine bestimmte Farbe haben

Hinterleib = der hintere Teil der Ameise

Honigtau = süße Flüssigkeit aus Zucker, die Blattläuse ausscheiden („pinkeln")

Insekten = eine Tierart; es gibt z. B. auch noch Säugetiere, Vögel, Fische ...

Pollen = Blütenstaub, der in Blumen ist

Samen = kleine Teilchen einer Pflanze, aus denen wieder neue Pflanzen wachsen

Sibirien = ein Teil von Russland

überwiegend = fast überall

Umwelt = unsere Umgebung; was um uns herum ist

24 Buchstabensuppe

Mimo und Pumo kochen einen großen Topf Buchstaben-suppe. Darin haben sich **9 Zutaten** versteckt.

Markiere die gefundenen Wörter mit Farbe.

					Q	N	H	Q	Z					
			K	V	X	I	T	J	U	B	M			
		O	J	C	D	J	F	H	J	Z	R	K		
	T	S	B	G	C	M	W	F	I	S	C	H	P	
	U	M	P	K	E	S	M	M	B	E	W	H	D	
I	W	M	L	I	S	Z	W	S	Q	N	H	F	P	Y
P	J	R	R	R	C	P	T	A	E	F	M	J	Z	Z
Y	D	I	L	S	H	Q	K	L	H	Y	N	Q	U	A
B	T	W	R	C	O	B	C	Z	W	I	E	B	E	L
H	A	S	Q	H	K	R	K	G	L	O	S	V	O	S
	T	R	A	E	O	E	P	F	E	F	F	E	R	
	I	K	L	G	L	B	Y	B	A	Z	D	U	W	
		U	V	K	A	R	T	O	F	F	E	L		
			Y	B	D	O	V	R	S	N	B			
					E	T	Y	Z	O					

Teil 3: Schwierige Aufgaben

25 Auf dem Wandertag

Lies dir die beiden Erzählungen genau durch!

Die Klasse 3a fuhr am Wandertag mit ihrer Lehrerin Frau Zeiler nach Blumenstadt ins Erlebnisbad. Der Reisebus brauchte für die 40 Kilometer 45 Minuten. Sie kamen dabei an Umpfing und Heudorf vorbei. Die beiden Wasserrutschen waren bei den Kindern besonders beliebt. Gegen 13.00 Uhr brach die Klasse zu einer zweistündigen Wanderung um den nahegelegenen See auf. Den Abschluss dieses tollen Tages machte eine spannende Schnitzeljagd. Erst gegen 17.00 Uhr fuhren sie wieder mit dem Bus nach Hause.

Die Klasse 3c fuhr mit ihrer Lehrerin Frau Birkmann nach Pfaffendorf auf den Abenteuerspielplatz. Der Bus brauchte für die 50 km 55 Minuten. Sie kamen dabei an Bruckdorf und Iching vorbei. Die beiden Kletterwände sorgten für große Begeisterung bei den Kindern. Frau Birkmann hatte große Mühe, die Kinder gegen 13.00 Uhr zusammenzurufen. Sie wollten noch für zwei Stunden den nahegelegenen Wildpark besuchen. Aber der Sonnenschein und das Streichelgehege überzeugten die Kinder schließlich. Den Abschluss dieses tollen Tages machte eine eindrucksvolle Tierfütterung.

273

Besser lesen

3. Klasse

Lösungen

Dieser Lösungsteil ist herausnehmbar!
Klammern in der Mitte des Heftes öffnen!

1a

1 Bearbeite eine Aufgabe und kontrollier danach mit Hilfe des Lösungsteils genau.

2 Male, wenn du eine Aufgabe bearbeitet und kontrolliert hast, den entsprechenden Buchstaben auf deiner Urkunde aus.

3 Mimo und Pumo geben dir Hinweise und Tipps.

4 Mache nach 30 Minuten eine Pause.

Mimo und Pumo haben einen **Dinosaurier** als Haustier.

1b

2a

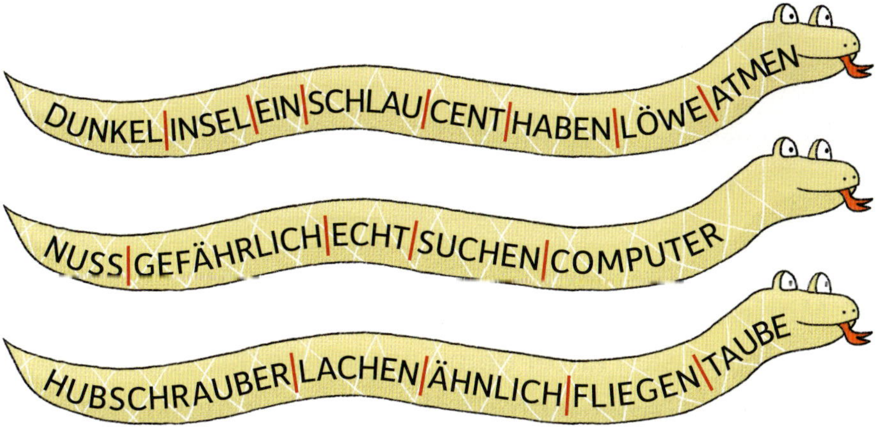
DUNKEL|INSEL|EIN|SCHLAU|CENT|HABEN|LÖWE|ATMEN
NUSS|GEFÄHRLICH|ECHT|SUCHEN|COMPUTER
HUBSCHRAUBER|LACHEN|ÄHNLICH|FLIEGEN|TAUBE

2b

DIE|SCHLANGE|SCHLÄFT.

3

hüpfen
wandern
~~schlummern~~
stolpern
schleichen
Wortfeld „gehen“
entdecken
beobachten
anschauen
~~verschlafen~~
sehen
Wortfeld „sehen“
schlucken
kauen
~~trösten~~
abbeissen
fressen
Wortfeld „essen“
erzählen
flüstern
fragen
rufen
~~schreiben~~
Wortfeld „sagen“

4

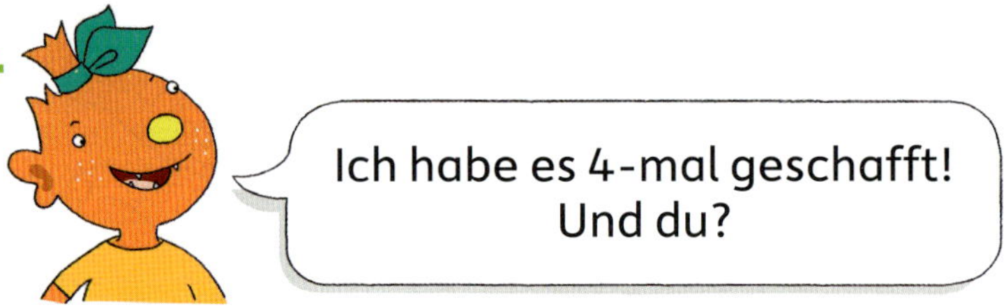

5 **Marie** schimpft: „Ich kann so nicht arbeiten!"
Dodo hat sich unter dem Sofa versteckt.
Tim sagt: „Aber Mama hat gesagt, ich müsse üben!"
Marie nimmt die Schulsachen und geht.
Dodo läuft schwanzwedelnd hinter ihr her.
Tim spielt nur noch ein Lied und hört dann auf.
Marie kommt mit dem Lesebuch wieder rein.
Dodo kaut auf seinem Knochen.
Marie kann in Ruhe Hausaufgaben machen.

6a

L	Ö	W	E	N	Z	A	H	N
M	A	R	M	E	L	A	D	E
D	E	L	F	I	N			
N	O	T	E					
S	C	H	L	O	S	S		
B	I	R	N	E				
P	I	N	S	E	L			
S	C	H	L	A	N	G	E	

6b Hakon kommt aus:

N O R W E G E N

7a **„Jemandem auf den Wecker gehen."** bedeutet:
☒ Jemanden stören oder aufregen.

7b **„Jemandem einen Bären aufbinden."** bedeutet:
☒ Jemanden anschwindeln.

7c **„Da bin ich mit meinem Latein am Ende."** bedeutet:
☒ Hier weiß ich nicht mehr weiter.

7d **„Jemandem etwas heimzahlen."** bedeutet:
☒ Sich an jemandem rächen.

8

Durfenschmürz	=	**Geburtstag**
Bängelias	=	**Freunde,** (Freundinnen, Kameraden)
abagate	=	**bedankte**, (bedanken)
Draxelpolmuni	=	**Torte**
habilibi	=	**lecker,** (fein, prima, gut)
Schnapfendürks	=	**Spiele**

9a

Schon seit längerer Zeit hatte Mark das Gefühl, dass er seine kleine Schwester Lilly heimlich in seinem Zimmer herumschnüffelte. Jedes Mal, streute wenn er sie Zucker darauf ansprach oder sich bei seiner Mutter beschwerte, säuselte Lilly mit einem in Engelsblick: „Aber was sollte ich denn in den deinem Zimmer suchen? Ich spiele lieber Brief mit meinen Puppen." „Siehst du, Mark, Lilly interessiert sich gar nicht für deine Sachen. Stell dich der doch nicht so an." „Na, toll!", dachte sich Mark. „Meine Mutter ist mir ja eine herausfiel große Hilfe." Als Mark nach ein paar Tagen wieder das Gefühl hatte, dass als Lilly in seinem Zimmer gewesen war und die Briefe seiner Geheimbande gelesen hatte, schmiedete er einen Plan. Nach der Schule legte er einen neuen Brief Lilly auf seinen Schreibtisch und ging wie jeden Donnerstag ins den Fußballtraining. Als er am Brief Abend wiederkam, hatte er den eindeutigen öffnete Beweis.

9b Er streute Zucker in den Brief, der herausfiel, als Lilly den Brief öffnete.

10

Wachsen die Bäume im Kreis?	Nein, die Bäume wachsen in Reihen.
Liegen die Bäume in Reihen?	Nein, die Bäume wachsen in Reihen.
Wachsen die Blumen in Reihen?	Nein, die Bäume wachsen in Reihen.
Rennt ein Hund in den Wald?	Nein, ein Reh rennt in den Wald.
Rennt ein Reh in die Höhle?	Nein, ein Reh rennt in den Wald.
Schleicht ein Reh in den Wald?	Nein, ein Reh rennt in den Wald.

11

Der Bäcker backt Brot, |und Häuser
mauert der Maurer, |die Pflanzen
gießt der Gärtner, |die Kühe
melkt der Bauer, |die Post
bringt der Postbote, |den Kamin
fegt der Schornsteinfeger, |die Kommas
setzt der Schüler fein |
richtig in die Sätze ein. |

12a

Herr Schlaubär antwortet: „diese Frage kann ich gerne beantworten. werden keine Satzzeichen gesetzt, erkennt man zu spät das Satzende. mit Punkt, Fragezeichen oder Ausrufezeichen wäre es kein Problem. ohne Kommas und mit kleingeschriebenen Satzanfängen sind die Sätze wirklich schwer zu lesen. versuche einmal herauszufinden, wo die Sätze anfangen. trage die richtigen Satzzeichen ein. markiere die Buchstaben farbig, die man großschreiben müsste, weil sie am Satzanfang stehen. Großschreibung und Satzzeichen gibt es, damit man Texte leichter lesen kann."

12b Satzzeichen und die Großschreibung am Satzanfang gibt es, damit man Texte leichter lesen kann.

13

Wann feierst du deinen Geburtstag?

Wo wohnen Mimo und Pumo?

Wir treffen uns um 15 Uhr am Fußballplatz.

Ich feiere nächsten Samstag.

Ich bringe den Ball mit.

In einer Höhle.

14a ○ Montag Sp ⊗ Freitag sch ○ Mittwoch St

14b ○ Monstertanz m ○ Welterkundung a ⊗ Rückwärtslesen l

14c ⊗ Donnerstag a ○ Dienstag e ○ Freitag i

14d ○ 2 Stunden t ⊗ 5 Stunden f ○ 4 Stunden s

14e ○ Montag er ○ Freitag es ⊗ Dienstag en

Das macht Pumo in der Schule am liebsten: **schlafen**

5a ⊗ … heute ist es so schön warm.“ S

⊗ … gestern war es auch schon so schön dort.“ P

5b ⊗ … wir dort schon lang nicht mehr waren.“ O

⊗ … es dort ein Elefantenbaby gibt.“ R

5c ⊗ … ich habe leider kein Geld.“ T

Das macht Mimo gern: **Sport**

6a

6b

1 Der Fliegenpilz ist einer der bekanntesten Pilze überhaupt. Angeblich bringt er Glück. Durch seine rote Farbe mit den weißen Punkten erkennt man ihn sofort.

2 Der Steinpilz ist einer der edelsten Pilze. Er hat einen hellbraunen Hut und einen weißen Stiel …

3 Der Knollenblätterpilz sieht harmlos aus, ist aber sehr giftig. Er ist ein ganz weißer Pilz. Sollte man …

4 Wegen seines guten Geschmacks gehört der Pfifferling zu den beliebtesten essbaren Pilzen. Der Hut ist hellgelb und steht nach oben ab.

17a ○ Sachtext ○ Märchen ○ Witz ☒ Gedicht ○ Rätsel

17b Es reimen sich immer zwei Wörter. Außerdem hat das Gedicht Strophen, die immer 4 Zeilen (Verse) haben.

17c

Kennt ihr schon die Stadt Tempone,
wo Prinz Rückwärts residiert*?
Es ist seltsam und erstaunlich,
was tagtäglich dort passiert!

Jeden Abend geht die Sonne
ganz genau im Norden auf.
Und der Mond beginnt im Süden
und am Morgen seinen Lauf.

Nachts holt man sich dort zum Frühstück
frische Semmeln aus dem Mund,
legt sie fein auf einen Teller,
und dann gibt man sie dem Hund.

Bücher liest man dort vom Ende
bis zum Anfang mit Genuss.
Und dann bringt man sie zum Händler,
der das Buch bezahlen muss.

Mit dem Auto fährt man rückwärts.
Wenn man das Benzin vergisst,
tut man recht, denn man muss tanken,
wenn die Fahrt zu Ende ist.

Bäume fallen dort vom Himmel
bei besonders starkem Wind.
Und sie werden immer kleiner,
bis sie nur noch Samen sind.

Beim Gewitter springen Blitze
von der Erde in die Höh.
Und bei Regen ziehn die Wolken
dicke Tropfen aus dem See.

Kinder, die geboren werden,
sind gewöhnlich siebzig Jahr,
haben schlechte, braune Zähne
und natürlich graues Haar.

Solche Kinder können rechnen,
schreiben, lesen und noch mehr,
und am Herd fällt diesen Kindern
auch das Kochen gar nicht schwe

Doch sie werden täglich jünger:
Sechzig, fünfzig, vierzig Jahr!
So verlernen sie allmählich
all ihr Können ganz und gar.

Auch ein Schulhaus soll es geben.
Das ist seltsam wie sonst keins.
Für die größten Albernheiten
kriegt ein Kind dort eine Eins.

Kürzlich sprach ich mit dem Sohn
eines alten Stadtgeschlechts.
Danach liegt die Stadt Tempone
hinterm Monde – ziemlich rechts!

17d ☒ Flöten saugen Töne auf und verwandeln sie in Luft.
☒ In den Laden bringt man Sachen und bekommt Geld.

18a ○ Postkarten bringen Glück ☒ Reingefallen!
○ Wo ist der Strand? ☒ Der Postkartenautomat

8b 1. Frosch und Kröte sind ... Zeile 1
☒ im Urlaub. GEM

2. Sie wollen in einem Geschäft ... Zeile 5
☒ Postkarten kaufen. EI

3. In den Automaten werfen sie ... Zeilen 15-16
☒ erst eine Postkarte, dann eine Münze ein. NHE

4. Der Frosch findet den Automaten komisch, Zeile 32
☒ weil sie 25 Geldstücke weniger haben. IT

Das denkt sich der Frosch: **Gemeinheit**

9a ○ 3 ○ 4 ☒ 5 ○ 6 ○ 7

Jörg Juretzka hat die Geschichte geschrieben. Er ist aber nicht eine Person, die in der Geschichte selbst vorkommt. Die 5 Erwachsenen sind Leos Onkel, seine Mutter und sein Vater, der Hausmeister Günzmann und dessen Frau.

9b ○  ○  ○  ☒ 

9c ☒ eine grüne Hose, ein rotes T-Shirt, grüne Schuhe

9d Jörg Juretzka wohnt in **Mülheim**.

9e ☒ Der Sommer der Fliegenden Zucchinis

20a
6 Bedeutende Knochenfunde SE
1 Dinosaurierarten SC
2 Einschlag eines Himmelskörpers HRE
4 Verändertes Klima CHEE
5 Verknüpfung der Ereignisse CH
3 Vulkanausbrüche CKLI

20b Das bedeutet das Wort „Dinosaurier“:
Schreckliche Echse

20c Es könnte sein, dass diese Erschütterungen für das Ende der Dinosaurier verantwortlich waren.

21a ● Reporter ● Herr Flink

21b ○ Vortrag ☒ Interview ○ Fragespiel ○ Sachtext

21c ~~Der Helm muss locker sitzen und ein bisschen wackeln.~~
Im Winter wärmt ein abnehmbares Stirnband die Ohren.
Der Helm sollte fest sitzen, aber nicht drücken.
~~Reflektierende Flächen schützen vor Licht.~~
~~Die Ohren müssen ein Dreieck um den Riemen bilden.~~
Ein Helm kann vor schweren Verletzungen schützen.

22a Das gesuchte Wort heißt: **täuschen**

Hallo du fleißiger Leser!

Auf dieser Seite verraten wir dir, wie du zu einem richtigen Lesemonster werden kannst.

- Trenne zuerst die Urkunde aus deinem Heft heraus, dann musst du nicht nach jeder Aufgabe blättern.
- Bearbeite eine Aufgabe und kontrolliere genau.
- Nach jeder Aufgabe findest du unten im Eck einen Buchstaben. Suche den Buchstaben auf der Urkunde und male das Feld in der entsprechenden Farbe aus!

So bekommst du eine wunderschöne, bunte Leseurkunde und gehörst dann zu uns Lesemonstern!

Viel Erfolg wünschen dir

Mimo und Pumo

H
F
M
o
l
E
i
S
d
T
h
a
n
m
W
t
k
N
c
r
D
Y
e
R
U
Z
v
I
z
L
A
J
j
P
X
B
K

URKUNDE

Hiermit wird

____

(Trage hier deinen Namen ein!)

feierlich in die Familie der

LESEMONSTER

aufgenommen und darf sich ab heute

MO

____

(Trage hier die ersten zwei oder drei Buchstaben deines Namens ein!)

nennen!

Herzlichen Glückwunsch!
Mimo und Pumo

2b ... obwohl es so nicht **existiert.**
vorhanden ist

... können **Objekte** in ihrer Größe verändern.
Gegenstände

Die beiden Linien sind **identisch.**
gleich

2c Eine optische Täuschung ist, wenn man etwas sieht, was in Wirklichkeit ganz anders ist.

3a Lebensraum

3b

Die Rote Waldameise kommt in ganz Europa, Sibirien und Nordamerika vor und ist hauptsächlich in Nadelwäldern zu finden.

Aussehen

Sie ist überwiegend rot gefärbt, hat aber einen schwarzen Kopf und Hinterleib. Auffällig sind ihre Beißwerkzeuge. Ameisen zählen zu den Insekten.

Nahrung

Die Rote Waldameise ernährt sich von Insekten und Spinnen. Sie sucht sich auch den Honigtau von Blattläusen oder Samen, Pollen und Früchte.

Besonderheit

Ameisen können mindestens das Zehnfache ihres eigenen Körpergewichts tragen.

Nutzen

Für die Umwelt sind Ameisen sehr wichtig. Sie schichten die obersten Erdschichten um und tragen so zu einem gesunden Boden bei.

23c ○ Krabbeltiere ⊗ Insekten ○ Spinnen
Zeile **6**

23d Nein, denn Ameisen tragen zu einem gesunden Boden bei, indem sie die obersten Erdschichten umschichten.

24

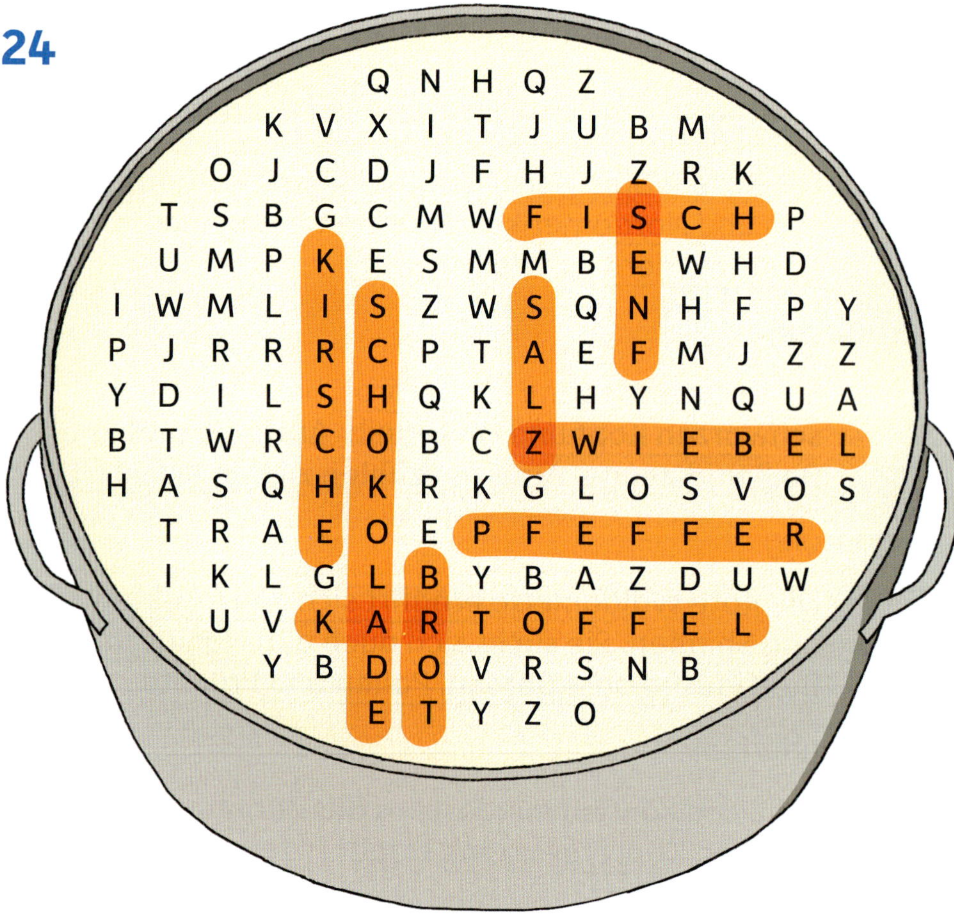

25 Elias **3c**, Tim **3a**, Sinem **3c**, Anna **3c**, Alan **3a**, Laura **3a**

6a Michael wohnt in **Bergkirchen**.

6b ◯ 7 Kinder ◯ 8 Kinder ☒ 9 Kinder ◯ 10 Kinder
Du musst Michael selbst auch mitzählen!

6c ◯ Frühling ☒ Sommer ◯ Herbst ◯ Winter

6d **Leon und Stefan** haben ihm das Spiel geschenkt.

6e
2 Kuchen essen I
1 Gäste begrüßen S
5 Holz sammeln E
6 Stockbrot machen N
3 gemeinsam spielen E
4 Schnitzeljagd machen B

Michael wurde **sieben** Jahre alt.

6f Diese 15 zusammengesetzten Namenwörter findest du im Text. 3 davon solltest du aufschreiben:
Bergkirchen, Brettspiel, Geburtstag, Nachmittag, Lieblingstorte, Himbeersahnetorte, Holzklötze, Wurfhölzer, Zwischenzeit, Schnitzeljagd, Schatztruhe, Lagerfeuer, Abendessen, Stockbrot, Geburtstagsfeier

7a Am **Montag**.

7b
◯ Nächtlicher Einbruch
◯ 2000 Euro gestohlen
☒ Erneuter Einbruch
☒ Weitere Zeugen gesucht

27c

27d Carolin und Luca

28

- Zutaten: 2 Bananen, 1 Apfel, Weintrauben, 1 Tafel Vollmilchschokolade, Zahnstocher
- Zutaten: 1 Tafel Vollmilchschokolade, 1 Tafel Zartbitterschokolade, etwas Butter, 2 Tassen Cornflakes
- Bananen schälen, Weintrauben und Apfel waschen.
- Schokolade in Stücke brechen und in eine kleine Glasschüssel legen.

- Die Weintrauben abzupfen, den Apfel entkernen, Apfel und Bananen in Stücke schneiden.
- Dann einen mittelgroßen Topf zur Hälfte mit Wasser füllen und das Wasser zum Kochen bringen. Die Schüssel mit den Schokostücken vorsichtig ins Wasser setzen und die Schokolade schmelzen lassen.
- Dann einen mittelgroßen Topf zur Hälfte mit Wasser füllen und das Wasser zum Kochen bringen. Die Schüssel mit den Schokostücken vorsichtig ins Wasser setzen und die Schokolade schmelzen lassen. Die Butter hinzugeben.
- Das vorbereitete Obst auf Zahnstocher spießen und in die Schokolade tauchen.
- Die Cornflakes unter die flüssige Schokoladenmasse heben.
- Die Obststücke nebeneinander auf ein Backpapier legen und warten, bis die Schokolade fest geworden ist.
- Mit zwei Teelöffeln auf ein Backpapier Häufchen setzen.
- Zahnstocher im Obst stecken lassen, dann lässt es sich leichter essen.
- Die Häufchen erstarren lassen.

29

- 🔵 Katzen sind Säugetiere und gehören zur …
- 🟢 Meine Mauzi wartet immer auf mich an der Tür …
- 🟤 Wenn ich Katzen schon sehe! Ständig …
- 🟡 Ich wünsche mir von Katzenbesitzern mehr …
- 🔴 Vielen Dank für Ihre Beiträge …

30

1 Verkleide dich als Zauberer.

4 Sage anschließend ganz geheimnisvoll magische Zaubersprüche auf.

3 Erkläre nun den Zuschauern, dass du über magische Kräfte verfügst.

2 Klebe vor der Vorführung heimlich durchsichtiges Klebeband auf einen Luftballon.

5 Steche mit einer Nadel genau in die Klebebandstelle.

6 Siehe da, dein Zauberspruch hat gewirkt und der Luftballon bleibt heil.

8 Und peng, er platzt! Und du hast bewiesen, dass du ein richtiger Zauberer bist.

7 Damit niemand den Luftballon genau untersucht, bitte schnell einen Zuschauer, an einer anderen Stelle mit der Nadel in den Ballon zu stechen.

31a
31c

Ertönt ein klares und deutliches „Huljodürü Holladiraidulljöh“, kann das Jodelmonster nicht mehr weit sein. Sein fröhlicher Gesang verbreitet stets gute Laune. Das lustige Erscheinungsbild mit der roten Clownsnase, den außergewöhnlich kurzen Beinen und dem Kugelbauch trägt ebenfalls zur allgemeinen Erheiterung bei. Tratzmonster und Motzmonster verstehen sich leider nicht so gut. Motzmonster schimpfen den ganzen Tag ...

Besonders begabt sind Malmonster. Schon als Kinder fertigen sie mit ihrem pinselähnlichen Fell die größten und schönsten Kunstwerke an. Regenmonster werden in einer Pfütze geboren. Sie lieben Regen und Unwetter und dürfen unter keinen Umständen trocknen, sonst werden sie krank. Sie sehen aus wie ein großer Wassertropfen. Zwergenmonster sind schon bei der Geburt so klein, dass man sie kaum sieht. Sie wachsen auch im Laufe ihres Lebens nicht mehr. Falls du so ein winziges Zwergenmonster trotzdem einmal entdeckst, erfüllt es dir einen Wunsch. Neben den Heulmonstern, Kuschelmonstern, Hüpfmonstern, Suppenmonstern und Höhlenmonstern gibt es auch noch die Rostmonster. Sie sehen besonders schlecht und müssen trotz ihrer Brille alles ertasten. Gegenstände, die das Rostmonster berührt, fangen an zu rosten. Deshalb schimpfen Menschen oft, wenn Rostmonster ihre Autos anfassen. Putzmonster hassen Unordnung und Dreck, ...

Es werden **13** verschiedene Monster genannt.

31b

Name	Aussehen	Besonderheit
Regenmonster	wie ein Wassertropfen	dürfen nicht ~~nass~~ werden trocken
Zwergenmonster	sehr klein	erfüllen Wünsche
Putzmonster	zottelig, dreckig	lieben es, zu putzen
Rostmonster	tragen ~~ein Hörgerät~~ eine Brille	bringen Dinge zum Rosten
Jodelmonster	rote Nase, kurze ~~Arme,~~ Beine Kugelbauch	verbreiten gute Laune

31d Hier kannst du dir selbst etwas ausdenken.
Die Lösung ist nur eine Möglichkeit:

Angebermonster	sehr groß, spitze Nase	lassen sich den ganzen Tag fotografieren

32a **Entscheide selbst!** Dies ist eine mögliche Antwort: Ich bin der Meinung, dass man immer die Wahrheit sagen sollte, auch wenn es manchmal unangenehm ist.

2b Tom Emma Susi Paul Buruk Asia

2c

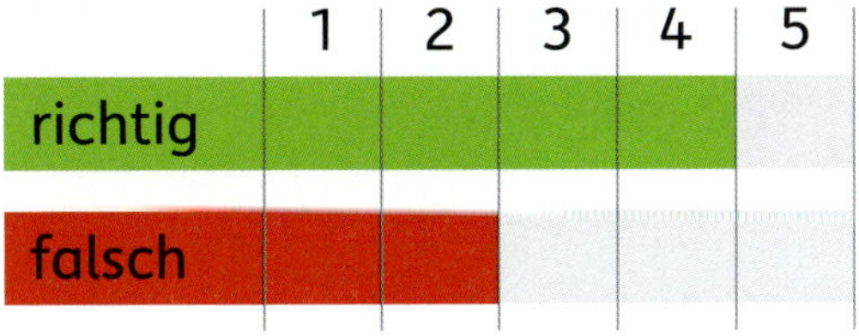

2d Emma sagt: **„Maxi ist eh blöd!“**

2e Ein Dilemma ist eine Situation, in der du immer das Gefühl hast, etwas falsch zu machen, egal wie du dich entscheidest.

3a Der Fuchs hörte den Bären und den Löwen streiten.

3b ☒ Weil sie beide die Beute haben wollten.

3c Hier kannst du dir etwas ausdenken. Es gibt keine richtige oder falsche Lösung.

3d

Der Fuchs war auf der Jagd, … — … als er einen Streit hörte.

Bär und Löwe ärgerten sich, … — … als der Fuchs mit der Beute davonging.

Der Fuchs wartete, … — …bis die beiden erschöpft waren.

33e ⊗ Wenn sich zwei streiten, freut sich der Dritte.

34 Du musst die Hinweise in dieser Reihenfolge lesen:

1	7	20	5	12	9	14	11	6	17

35a 1. ⊗ um Holz zu sammeln — Zeile **2**
2. ⊗ mit ihrem schweren Stapel Holz — Zeile **18**

35b Als sie mit ihrer Bürde Holz an die Stelle kam, wo das kranke Kätzchen gelegen hatte, da stand eine vornehme Dame dort.

35c „Mutter, was hast du da?“

35d Die Mutter macht sich Sorgen, dass das Spielen dem erschöpften Kätzchen schadet.

35e ⊗ Weil sie sich um das Kätzchen gekümmert hat.

36

Schwanz	**Schwan**
Dreihundert	**Hund**
Blumentopferde	**Pferd**
Abenteuer	**Ente**
Beule	**Eule**
Eigelb	**Igel**
Leselicht	**Esel**
Haustier	**Stier**

7a Diese 8 zusammengesetzten Namenwörter findest du im Text. 4 davon solltest du aufgeschrieben haben:
Landstraße, Gärtnergehilfe, Abendspaziergang, Bahnhofsgebäude, Gepäckwagen, Holzverschlag, Rollwagen, Rückenhaar

7b Wie alt ist Buck? **4** Jahre.

> straße. Hier war Buck geboren, und hier hatte er die vier Jahre seines Lebens verbracht.

7c

☒ Bucks Reise ○ Der Mann
○ Der glückliche Hund ☒ Tierquälerei

7d

3 Buck ist in einem Käfig gefangen. LO
1 Buck lebt in einem Haus in Kalifornien. JA
5 Der Dampfer legt in Kanada an. ON
4 Der Kanadier kauft Buck. ND
2 Manuel geht mit Buck spazieren. CK

So heißt der Autor dieser Geschichte:
Vorname: **Jack** Nachname: **London**

7e

> Kanadier, nahm Buck für Dreihundert mit. Er kannte sich mit Hunden aus und hatte sofort gesehen, dass dieser etwas Besonderes war.

Der Kanadier war ein Hundekenner und erkannte sofort, dass Buck ein besonderer Hund war.

37f Der Mann schlug Buck, weil er ihm zeigen wollte, wer der Stärkere ist, und dass Buck ihm von nun an gehorchen musste.

37g Er sah zum ersten Mal Schnee.

37h ⊗ Manuel verkaufte Buck. LES
⊗ Der Mann mit der roten Jacke quälte Buck. EMO
⊗ Als Buck das Schiff verließ, war es kalt. NSTER

Jetzt bist du ein richtiges **Lesemonster** !

Am nächsten Tag sprechen die Kinder über ihren tollen Wandertag.

► Wer von den Kindern geht in die 3a und wer in die 3c? Schreibe es dazu!

Ich habe gestern zum ersten Mal ein lebendiges Wildschwein gesehen.
Elias, Klasse ☐

Frau Zeiler, das war ein super Wandertag!
Tim, Klasse ☐

Kurz vor Bruckdorf standen wir im Stau!
Sinem, Klasse ☐

Beim Klettern ist leider meine Hose zerrissen. Aber meine Mama hat gar nicht geschimpft.
Anna, Klasse ☐

Stefan hat mich dreimal getaucht!
Alan, Klasse ☐

Für die 40km Rückfahrt haben wir leider über eine Stunde gebraucht!
Laura, Klasse ☐

26 Michaels Geburtstag

Bergkirchen, 25. Juli

Liebe Oma Marie,

vielen Dank für das tolle Brettspiel. Ich habe es sofort mit meinem besten Freund gespielt.

Mein Geburtstag war ein aufregender Tag. Meine besten Freunde kamen schon am Nachmittag zu uns. Sie heißen: Jan, Michael, Leon, Stefan, Ali, Louisa, Stefanie und Pia. Mama hatte wie immer meine Lieblingstorte gebacken: Himbeersahnetorte. Anschließend gingen wir in den Garten und spielten Wikinger Schach. Dieses Spiel haben mir Leon und Stefan geschenkt. Es spielen dabei zwei Mannschaften gegeneinander. Man muss versuchen, die Holzklötze der Gegner mit Wurfhölzern umzuwerfen. Ganz am Schluss muss der König in der Mitte getroffen werden. Das war lustig.

Mama und Papa hatten in der Zwischenzeit eine spannende Schnitzeljagd im Wäldchen vorbereitet. Wir mussten einer ausgelegten Spur folgen, um am Ende eine große Schatztruhe zu finden. Für das Lagerfeuer sammelten wir Holz im Wald. Am allerbesten war das Abendessen. Wir durften uns über dem Lagerfeuer Stockbrot machen. Es war wirklich eine tolle Geburtstagsfeier.

Liebe Grüße sendet dir dein Michael

6a Wie heißt der Ort, in dem Michael wohnt?

6b Wie viele Kinder befanden sich insgesamt auf der Geburtstagsfeier? Kreuze an.

○ 7 Kinder ○ 8 Kinder ○ 9 Kinder ○ 10 Kinder

6c Zu welcher Jahreszeit hat Michael Geburtstag?

○ Frühling ○ Sommer ○ Herbst ○ Winter

6d Wer hat Michael das Spiel geschenkt, das sie im Garten spielten?

6e Bringe den Ablauf der Feier in die richtige Reihenfolge und erhalte dadurch das Lösungswort.

- ☐ Kuchen essen I
- ☐ Gäste begrüßen S
- ☐ Holz sammeln E
- ☐ Stockbrot machen N
- ☐ gemeinsam spielen E
- ☐ Schnitzeljagd machen B

Michael wurde ______ Jahre alt.

6f Finde drei zusammengesetzte Namenwörter im Text. Schreibe sie auf.

27 Wie sieht der Dieb aus?

Lies dir folgenden Zeitungsartikel durch.

Dienstag, 08. Mai   Erdinger Tagesblatt, Seite 14

Ampfing
Wie bereits vergangene Woche berichtet, sucht die Polizei Erding nach einem besonders frechen Dieb. Gestern schlug der gesuchte Ladendieb wieder zu. Am helllichten Tag erbeutete er Schmuck im Wert von mehreren Tausend Euro. Erfreulicherweise gab es Zeugen*, die den Mann beschreiben konnten. Der Ladendieb ist etwa 1,80 m groß und etwas dick. Er war mit einer hellblauen Jacke und einer schwarzen Hose bekleidet. Sein Pullover war rot. Er trug außerdem rote Turnschuhe mit schwarzen Schnürsenkeln. Der Ladendieb hat einen braunen Kinnbart und verdeckte seine Augen mit einer schwarzen Sonnenbrille mit runden Gläsern. Auf dem Kopf hatte er eine grüne Mütze. Beim Gehen hinkte der Dieb mit seinem linken Bein. Er trug außerdem eine blaue Tasche mit grünen Punkten bei sich. Sachdienliche Hinweise* nehmen jede Polizeidienststelle sowie der Kaufhausdetektiv entgegen.

27a An welchem **Wochentag** geschah der Diebstahl?

Am ____________________.

* Zeugen = Personen, die den Dieb gesehen oder beobachtet haben
* sachdienliche Hinweise = Hinweise, die bei der Aufklärung einer Straftat helfen

7b Wie könnte die Überschrift zu dieser Meldung lauten? Kreuze alle passenden Überschriften an.

- ◯ Nächtlicher Einbruch
- ◯ Erneuter Einbruch
- ◯ 2000 Euro gestohlen
- ◯ Weitere Zeugen gesucht

7c Vervollständige die Zeichnung des Diebes. Male dazu, was fehlt. Male in den richtigen Farben aus!

Jeder Kunde, der einen Ladendieb bemerkt und richtig beschreiben kann, wird mit einem Einkaufsgutschein im Wert von 30 Euro belohnt. An diesem Tag melden sich drei Zeugen.

27d Lies dir die drei Aussagen durch. Wer hat den Ladendieb richtig beschrieben und erhält einen Gutschein? Kreuze an!

◯ Herr Lasch ◯ Carolin und Luca ◯ Frau Meyer-Hübsch

Vergleiche die Aussagen mit deiner Zeichnung!

Herr Lasch

„Ich habe den Dieb in der Musikabteilung gesehen. Ich bin mir ganz sicher, dass er es war. Der Mann war ziemlich groß. Mir ist besonders seine dunkle Jacke und die helle Hose aufgefallen. Er trug außerdem Halbschuhe. Die Haare waren von einer Mütze bedeckt. Bekomme ich den Gutschein gleich?“

Carolin und Luca

„Wir haben gesehen, wie ein Mann mit einer schwarzen Sonnenbrille etwas unter seiner hellblauen Jacke verschwinden ließ. Vielleicht hatte er in seiner blauen Tasche noch weiteres Diebesgut. Beim Gehen zog er den linken Fuß nach. Er trug eine grüne Mütze, deshalb konnten wir seine Haare nicht sehen. Und einen Bart hatte er auch. Aber nur am Kinn. Schuhe und Pulli waren rot. Seine Hose und die Schnürsenkel waren schwarz. Ach, und die Sonnenbrille hatte ganz runde Gläser, wie die Brille von Harry Potter.“

„Ich war heute in der Süßwarenabteilung, um meinen Enkelkindern etwas zum Naschen zu kaufen. Dabei entdeckte ich den Dieb. Der Mann war etwas dicklich. Er trug eine schwarze Hose und einen roten Pulli. Seine roten Schuhe mit den schwarzen Schuhbändern sind mir im Gedächtnis geblieben. Und er humpelte. Ich glaube, er zog das rechte Bein nach.“

Frau Meyer-Hübsch

28 Mimo und Pumo in der Küche

Mimo und Pumo wollen für ein Fest etwas zu essen machen. Doch die beiden Rezepte sind durcheinandergeraten. Kannst du ihnen helfen?

Male die Kreise unten in den richtigen Farben an.
● Schoko-Obst: rot ○ Knusper-Haufen: gelb

Tipp: Ein Punkt der Kochanleitung passt zu beiden Rezepten. Kreuze ihn an!

○ Zutaten*: 2 Bananen, 1 Apfel, Weintrauben, 1 Tafel Vollmilchschokolade, Zahnstocher

○ Zutaten: 1 Tafel Vollmilchschokolade, 1 Tafel Zartbitterschokolade, etwas Butter, 2 Tassen Cornflakes

○ Bananen schälen, Weintrauben und Apfel waschen.

○ Schokolade in Stücke brechen und in eine kleine Glasschüssel legen.

* Zutaten = Das brauche ich ...

- ◯ Die Weintrauben abzupfen, den Apfel entkernen, Apfel und Bananen in Stücke schneiden.
- ◯ Dann einen mittelgroßen Topf zur Hälfte mit Wasser füllen und das Wasser zum Kochen bringen. Die Schüssel mit den Schokostücken vorsichtig ins Wasser setzen und die Schokolade schmelzen lassen.
- ◯ Dann einen mittelgroßen Topf zur Hälfte mit Wasser füllen und das Wasser zum Kochen bringen. Die Schüssel mit den Schokostücken vorsichtig ins Wasser setzen und die Schokolade schmelzen lassen. Die Butter hinzugeben.
- ◯ Das vorbereitete Obst auf Zahnstocher spießen und in die Schokolade tauchen.
- ◯ Die Cornflakes unter die flüssige Schokoladenmasse heben.
- ◯ Die Obststücke nebeneinander auf ein Backpapier legen und warten, bis die Schokolade fest geworden ist.
- ◯ Mit zwei Teelöffeln auf ein Backpapier Häufchen setzen.
- ◯ Zahnstocher im Obst stecken lassen, dann lässt es sich leichter essen.
- ◯ Die Häufchen erstarren lassen.

i

29 Talkshow*

Folgende Personen waren zur Talkshow Tier & Mensch mit dem Thema „Katzen, ein Haustier für jedermann?“ eingeladen:

Frau Quassel	**Frau Tröster**	**Prof. Brause**	**Herr Huber**	**Frau Schmidt**
Moderatorin*	Katzen-besitzerin	Professor für Katzen-forschung	Leiter des Tierheims	Katzen-gegnerin*

▶ Wer hat was gesagt? Male die Kreise in der Farbe der entsprechenden Person aus.

◯ Katzen sind Säugetiere und gehören zur Familie der Landraubtiere. Sie sind verwandt mit Großkatzen wie Tiger, Löwe, Leopard, Gepard und Panther. Sie sind ausgezeichnete Jäger. Es gibt viele verschiedene Katzenrassen.

* Talkshow = Gesprächsrunde im Fernsehen; verschiedene Leute mit unterschiedlichen Meinungen unterhalten sich über ein Thema; das Wort ist englisch und wird „tookschou“ ausgesprochen

* Moderatorin = Ansagerin im Fernsehen

* Gegnerin = eine Frau, die gegen eine Person oder Sache etwas hat und sie oder es nicht mag, z. B. Katzen

◯ Meine Mauzi wartet immer auf mich an der Tür, wenn ich nach Hause komme. Sie macht mir große Freude. Ich wüsste nicht, was ich ohne sie machen sollte. Wenn ich abends auf dem Sofa sitze, kommt sie zu mir und schnurrt genüsslich, wenn ich sie streichle.

◯ Wenn ich Katzen schon sehe! Ständig schleichen sie in meinem Garten herum. Immer sind sie auf der Suche nach einem kleinen, harmlosen Vögelchen, das sie jagen und fangen können. Und diese Haare! Wenn ich bei meiner Freundin zu Besuch bin, die gleich mehrere Katzen hat, komme ich zurück und alles ist voller Katzenhaare.

◯ Ich wünsche mir von Katzenbesitzern mehr Verantwortung. Nicht alle Menschen sind zur Haltung einer Katze geeignet. Besonders vor den Sommerferien werden bei uns viele Katzen abgegeben, weil die Leute niemanden haben, der sich um die Katze kümmert, während sie im Urlaub sind. Solche Sachen sollte man sich überlegen, bevor man sich ein Haustier zulegt.

◯ Vielen Dank für Ihre Beiträge. Wir können uns nun ein gutes Bild über die Haltung einer Katze machen. Auf Wiedersehen und bis zum nächsten Mal, wenn es heißt: „Es kriecht im Wohnzimmer. Schlangen und Spinnen als Haustiere?“

30 Der Luftballon-Zaubertrick

Was passiert, wenn man mit einer Nadel in einen Luftballon sticht? Er platzt natürlich!

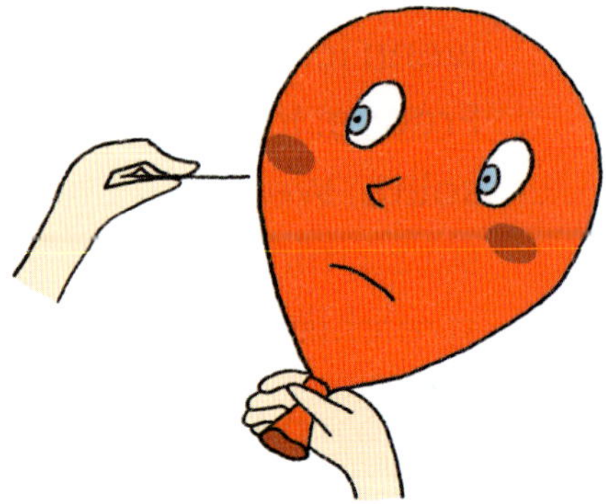

Doch du kannst nun das Gegenteil beweisen und deine Freunde oder Familie verblüffen.

Die Anleitung des Zaubertricks ist leider durcheinandergeraten. Wie der Zaubertrick funktioniert, erfährst du, wenn du die einzelnen Schritte in die richtige Reihenfolge bringst.

► Lies dir den Text zunächst so durch, wie er dasteht.

- [1] Verkleide dich als Zauberer.
- [ ] Sage anschließend ganz geheimnisvoll magische Zaubersprüche auf.
- [ ] Erkläre nun den Zuschauern, dass du über magische Kräfte verfügst.
- [ ] Klebe vor der Vorführung heimlich durchsichtiges Klebeband auf einen Luftballon.
- [ ] Steche mit einer Nadel genau in die Klebebandstelle.

☐ Siehe da, dein Zauberspruch hat gewirkt und der Luftballon bleibt heil.

☐ Und peng, er platzt! Und du hast bewiesen, dass du ein richtiger Zauberer bist.

☐ Damit niemand den Luftballon genau untersucht, bitte schnell einen Zuschauer, an einer anderen Stelle mit der Nadel in den Ballon zu stechen.

▶ Finde die richtige Reihenfolge heraus.
Schreibe Zahlen in die Kästchen.

31 Verschiedene Monsterarten

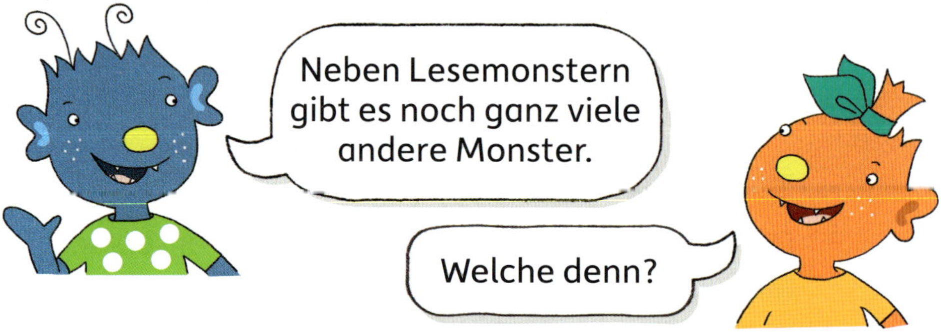

Lies dir den Text genau durch!

Ertönt ein klares und deutliches „Huljodürü Holladiraidulljöh“, kann das Jodelmonster nicht mehr weit sein. Sein fröhlicher Gesang verbreitet stets gute Laune. Das lustige Erscheinungsbild mit der roten Clownsnase, den außergewöhnlich kurzen Beinen und dem Kugelbauch trägt ebenfalls zur allgemeinen Erheiterung bei. Tratzmonster und Motzmonster verstehen sich leider nicht so gut. Motzmonster schimpfen den ganzen Tag. Tratzmonster hingegen ärgern wirklich jeden und haben es besonders auf Motzmonster abgesehen. Von ihnen ist immer ein schöner Schimpf zu erwarten. Während eines Schimpfs holt ein Motzmonster keine Luft und sagt Schimpfwörter nach dem Alphabet auf.

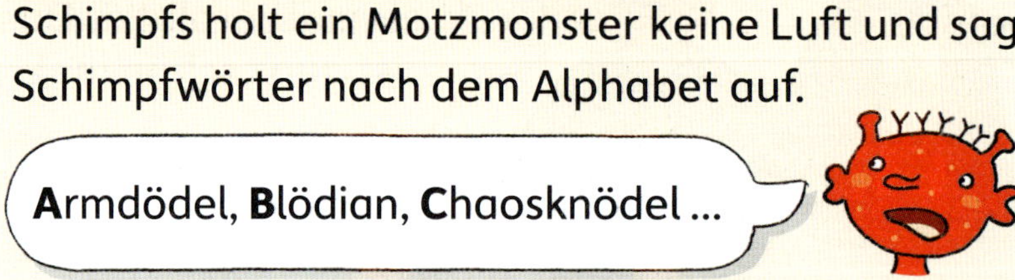

Besonders begabt sind Malmonster. Schon als Kinder fertigen sie mit ihrem pinselähnlichen Fell die größten und schönsten Kunstwerke an. Regenmonster werden in einer Pfütze geboren. Sie lieben Regen und Unwetter und dürfen unter keinen Umständen trocknen, sonst werden sie krank. Sie sehen aus wie ein großer Wassertropfen. Zwergenmonster sind schon bei der Geburt so klein, dass man sie kaum sieht. Sie wachsen auch im Laufe ihres Lebens nicht mehr. Falls du so ein winziges Zwergenmonster trotzdem einmal entdeckst, erfüllt es dir einen Wunsch. Neben den Heulmonstern, Kuschelmonstern, Hüpfmonstern, Suppenmonstern und Höhlenmonstern gibt es auch noch die Rostmonster. Sie sehen besonders schlecht und müssen trotz ihrer Brille alles ertasten. Gegenstände, die das Rostmonster berührt, fangen an zu rosten. Deshalb schimpfen Menschen oft, wenn Rostmonster ihre Autos anfassen. Putzmonster hassen Unordnung und Dreck, obwohl sie selbst sehr zottelig und dreckig sind. Sie bekommen zur Geburt einen Putzlappen geschenkt. Da sie es lieben, zu putzen und aufzuräumen, sind sie bei allen Monsterarten sehr beliebte Gäste.

1a Unterstreiche die verschiedenen Monsterarten. Wie viele verschiedene Monster werden im Text genannt?

Es werden ☐ verschiedene Monster genannt.

Tipp: Unterstreiche jede Monsterart nur einmal!

31b Einige Informationen sind in der Tabelle falsch.
Streiche sie durch und schreibe das Richtige dazu.

Name	**Aussehen**	**Besonderheit**
Regenmonster	wie ein Wassertropfen	dürfen nicht nass werden
Zwergenmonster	sehr klein	erfüllen Wünsche
Putzmonster	zottelig, dreckig	lieben es, zu putzen
Rostmonster	tragen ein Hörgerät	bringen Dinge zum Rosten
Jodelmonster	rote Nase, kurze Arme, Kugelbauch	verbreiten gute Laune
Angebermonster		

31c Vergleiche den Text mit der Tabelle. Welche Monster werden in der Tabelle nicht aufgeführt? Kreise sie **im Text** ein.

31d Wie könnte ein Angebermonster aussehen und was macht es wohl? Denke dir etwas Passendes über das Angebermonster aus und schreibe es in die Tabelle.

32 Eine schwierige Entscheidung

Lies dir den Text genau durch!

Maxi und Tim sind beste Freunde. Eines Tages sieht Tim, wie Maxi in der Pause aus dem Geldbeutel einer Mitschülerin 10 Euro klaut. Maxis Mama liegt im Krankenhaus. Er möchte ihr unbedingt eine Freude machen und ihr Blumen kaufen. Maxi bittet Tim um sein Versprechen, niemandem etwas zu verraten. Am nächsten Tag erklärt die Mitschülerin, ihr würden 10 Euro fehlen und sie fragt Tim, ob er wüsste, wer das Geld genommen hat. Tim weiß, dass Maxi von der Schule fliegt, wenn es seinetwegen noch einmal Ärger gibt. Trotzdem berichtet Tim, was er gesehen hat.

2a Würdest du dich genauso entscheiden wie Tim? Kreuze an und begründe deine Meinung!

○ ja ○ nein

____

____

____

Tipp: So kannst du deine Meinung äußern:
Meiner Meinung nach ...
Ich bin der Meinung, dass ...
Ich habe den Eindruck, dass ...

Tim hat die Wahrheit gesagt und verraten, dass sein Freund das Geld geklaut hat. Es ist ihm sicher schwergefallen, sich zu entscheiden. Solch eine Situation nennt man Dilemma. Egal, wie du dich entscheidest, du hast immer das Gefühl, etwas falsch zu machen. Die Kinder in der Klasse haben auch unterschiedliche Meinungen.

32b Wer hat welche Meinung? Male in den richtigen Farben an.
Wer findet, Tims Entscheidung war …
◯ eher richtig, ◯ eher falsch.

2c Wie viele Kinder finden, dass Tim richtig entschieden hat, wie viele finden, es war die falsche Entscheidung?
Zeichne die Balken richtig ein.

	1	2	3	4	5
richtig					
falsch					

2d Welches Kind begründet seine Meinung nicht?
Schreibe den Namen und die Aussage auf.

______________ sagt:

____

2e Was ist ein Dilemma? Erkläre!

____

____

____

____

Tipp: Lies auf Seite 60
oben nach.

33 Der Löwe und der Bär

Lies dir die Fabel genau durch.

Ein Fuchs war einmal auf Jagd gegangen, um einen guten Bissen zu erbeuten. Er war noch nicht lange unterwegs, als er ein lautes Streiten vernahm.

Ein Bär schlug mit den Tatzen nach einem Löwen und brummte wütend: „Ich war der Erste beim Hirschkalb. Die Beute gehört mir, denn ich habe sie gefangen.“

„Nein!“, brüllte der Löwe zornig. „Du lügst! Ich war als Erster hier, und darum gehört die Beute mir.“ Der Löwe wehrte sich kräftig und schnappte mit seinen scharfen Zähnen nach dem Bären.

So kämpften der Löwe und der Bär noch lange miteinander. Und der Fuchs wurde langsam ungeduldig, denn die Streitbeute lag gar nicht weit von ihm entfernt. Aber er war klug und dachte sich: …

3a Warum entdeckte der Fuchs den Löwen und den Bären?

3b Warum stritten sich Löwe und Bär? Kreuze an!

- ◯ Weil sie sich nicht leiden konnten.
- ◯ Weil sie beide keine Beute haben wollten.
- ◯ Weil der Löwe älter war.
- ◯ Weil sie beide die Beute haben wollten.
- ◯ Weil sich Tiere immer streiten.

3c Wie könnte die Fabel ausgehen? Schreibe einen passenden Schluss.

Lies nun den Schluss der Fabel.

... „Sind die Streitenden erst einmal erschöpft, so können sie mir nichts mehr anhaben." Der Bär und der Löwe kämpften noch eine ganze Stunde miteinander, dann brachen beide kraftlos zusammen. Da schritt der Fuchs gemächlich an ihnen vorbei und holte sich die Beute. Er verneigte sich höflich und sagte: „Danke, meine Herren, sehr freundlich, wirklich sehr freundlich!"

nach Äsop

33d Verbinde Satzanfang und Satzende richtig.

Der Fuchs war auf der Jagd, ...	...bis die beiden erschöpft waren.
Bär und Löwe ärgerten sich, ...	... als er einen Streit hörte.
Der Fuchs wartete, ...	... als der Fuchs mit der Beute davonging.

33e Welches Sprichwort passt am besten zu dieser Fabel? Kreuze an!

- ◯ Der Klügere gibt nach.
- ◯ Wenn sich zwei streiten, freut sich der Dritte.
- ◯ Aller guten Dinge sind drei.
- ◯ Ein schlafender Fuchs fängt kein Huhn.

34 Mimo und Pumo auf Verbrecherjagd

Schon wieder wurde eine Bank ausgeraubt. Mimo und Pumo verfolgen den bekannten Bankräuber Charlie Schlitzohr. Über ein Funkgerät bekommen sie Hinweise, welche Straße sie nehmen müssen.

► Suche auf der Karte die Zahl ❶. Fange auf der nächsten Seite bei der Zahl ❶ zu lesen an und vergleiche mit der Karte. Folge so dem richtigen Weg auf der Karte.

Die Zahlen auf der Karte sagen dir, bei welcher Nummer du weiterlesen musst. Viel Erfolg bei der Verbrecherjagd!

→

1 Start: Mimo und Pumo steigen in ihr Auto ein und starten den Motor. Schon bekommen sie über Funk den ersten Hinweis. „Bei der nächsten Einmündung müsst ihr die breitere der beiden Straßen wählen.“ (Tipp: Sieh auf der Karte nach, wohin die beiden fahren sollen. Lies bei dieser Zahl weiter!)

2 Die älteren Herrschaften in dem Haus haben leider nichts gesehen. Mimo und Pumo müssen zurück. Lies auch du noch einmal genau, was bei Nummer 11 steht.

3 Die beiden fahren und fahren und kommen wieder am gleichen Ort raus. Nun weißt du, welcher Weg bei 12 gemeint war.

4 Hier hat sich Charlie nicht versteckt. Mimo und Pumo haben sich verfahren. Lies noch einmal genau bei Nummer 6 nach und hilf den beiden, den richtigen Weg zu finden.

5 Sie fahren an dem Baum vorbei und überholen einen Traktor. Vor der nächsten Kreuzung heißt es: „Wählt die Straße, an der kein Gebäude steht.“

6 Vor der nächsten Einmündung lauschen die beiden aufmerksam dem nächsten Hinweis: „Fahrt auf der Straße, die zuerst eine Überführung und dann eine Unterführung hat. Im Haus am Ende dieser Straße findet ihr Charlie Schlitzohr mit der Beute.“

7 Die beiden sind richtig und hören durch das Funkgerät: „Ihr müsst ein bisschen langsamer werden. Wählt an der nächsten Kreuzung nicht die Straße, die zu einem Haus führt.“

8 Die beiden fahren weiter, bis ihnen ein Polizist am Zebrastreifen zuwinkt. Er hat Charlie Schlitzohr nicht vorbeifahren sehen. Mimo und Pumo kehren zu 11 zurück und überlegen, was sie falsch gemacht haben.

9 Die beiden wissen, dass Charlie Schlitzohr nicht sehr weit weg sein kann. Und schon erhalten sie wieder einen Hinweis: „Charlie Schlitzohr ist bei der nächsten Einmündung und schlägt den Weg mit den drei ganz engen Kurven ein.“

10 Die beiden sind noch nicht weit gekommen, da erklärt ihnen die Stimme aus dem Funkgerät den Unterschied zwischen links und rechts. Sie müssen noch einmal zurück zu Nummer 20. Lies auch du noch einmal genau, was bei Nummer 20 steht.

11 Mimo und Pumo sind ganz schön aufgeregt. Sie haben noch nie einen richtigen Verbrecher gejagt. Aber wenn sie genau auf den nächsten Hinweis hören, kann nichts schiefgehen. „Wählt bei der nächsten Einmündung weder den Weg, der zu einem Haus führt, noch die Straße mit dem Zebrastreifen.“

⓬ Sie sind auf der richtigen Spur. Bei der nächsten Einmündung können die beiden nur einen Weg wählen. Ansonsten führt sie die Straße wieder genau hierher.

⓭ Die beiden sind noch nicht weit gekommen, da erklärt ihnen die Stimme aus dem Funkgerät, dass sie genau zuhören müssen. Sie sollen noch einmal zurück zu Nummer 1. Lies auch du noch einmal genau, was bei Nummer 1 steht.

⓮ Die Verfolgungsjagd wird immer spannender. Sie sind Charlie Schlitzohr dicht auf den Fersen. Doch genau jetzt kommt der Mann mit dem Funkgerät auf die Idee, Mimo und Pumo Rätsel zu stellen, statt ihnen einfach die Wegbeschreibung durchzugeben. „Wenn 13 + 14 siebenunddreißig ergibt, nehmt die Straße rechts! Sonst fahrt links weiter!“ Na, toll! Kannst du ihnen da helfen?

⓯ Bei dem Haus am Ende der Straße ist niemand. Die beiden fahren zurück. Lies noch einmal bei 7 nach.

⓰ Ein Haus ist ein Gebäude. Da kann etwas nicht stimmen. Lies noch einmal bei Nummer 5 nach.

17 Mimo und Pumo sind fast am Ziel und geben noch einmal Gas. Sie flitzen erst über die Überführung und dann durch die Unterführung. Jetzt siehst du das besagte Haus. Sie parken etwas entfernt, damit sie Charlie Schlitzohr nicht hört. Leise steigen die beiden aus und schleichen sich an. Vor dem Haus befindet sich das Auto des Bankräubers mit der gesamten Beute. Durch ein Fenster sehen Mimo und Pumo, wie Charlie Schlitzohr in der Küche ist und sich in aller Ruhe etwas zu essen macht. Es bleibt also genug Zeit, um die Polizei zu verständigen. Gratulation! Ihr habt gemeinsam den Dieb aufgespürt.

18 Oh nein, die Straße ist gesperrt. Bei 9 erfahren sie nochmals, wohin Charlie geflüchtet ist.

19 Eine Kirche ist auch ein Gebäude. Die beiden merken, dass sie falsch sind. Lies du auch noch einmal bei Nummer 5 nach.

20 Auf dieser Straße gibt es viele Plätze, an denen sich Charlie versteckt haben könnte. Aber Mimo und Pumo haben das Gefühl, dass sie noch weiter müssen. Bei der nächsten Einmündung bekommen sie folgenden Hinweis: „Wählt den Weg, bei dem am linken Rand ein Baum steht."

21 Fahre zurück zu 14 und rechne noch einmal.

35 Das Kätzchen und die Stricknadeln

Es war einmal eine arme Frau, die in den Wald ging, um Holz zu lesen. Als sie mit ihrer Last auf dem Heimweg war, sah sie ein krankes Kätzchen hinter einem Zaun liegen. Es wimmerte gar kläglich, und die arme Frau nahm es mitleidig in ihre Schürze. Auf dem weiteren Weg nach Hause gesellten sich ihre beiden Kinder zu ihr.

Als sie sahen, dass die Mutter etwas trug, fragten sie: „Mutter, was hast du da?" Gleich wollten sie das Kätzchen haben, doch die Mutter gab es ihnen nicht. Sie sorgte sich, dass das Spiel der Kinder dem erschöpften Kätzchen Schaden zufügen könne. Zu Hause angekommen legte die Mutter das Kätzchen auf alte weiche Kleider und gab ihm Milch zu trinken. Als das Kätzchen sich gelabt hatte und wieder gesund war, machte es sich mit einem Male auf und davon.

Eines Tages ging die arme Frau wieder in den Wald. Als sie mit ihrer Bürde Holz an die Stelle kam, wo das kranke Kätzchen gelegen hatte, da stand eine vornehme Dame dort. Sie winkte die arme Frau zu sich und warf ihr fünf Stricknadeln in die Schürze. Die Frau wusste nicht recht, was sie davon halten sollte. Auch schien ihr diese absonderliche Gabe etwas zu gering. Doch am Abend legte sie die fünf Stricknadeln noch auf den Tisch, bevor sie müde auf das Nachtlager sank.

Als die Mutter dann am nächsten Morgen erwachte, lagen fertig gestrickte Strümpfe auf dem Tisch. Das wunderte die arme Frau über alle Maßen, also legte sie die Nadeln am nächsten Abend wieder auf den Tisch. Und am Morgen darauf lagen wieder neue Strümpfe da. Da erkannte die Mutter, dass die fleißigen Nadeln eine Belohnung waren, weil sie sich um das kranke Kätzchen gesorgt hatte.

Von nun an ließ sie die Nadeln jede Nacht stricken, bis sie und ihre Kinder genügend Strümpfe für das ganze Jahr hatten. Dann verkaufte sie auch noch Strümpfe, was ihr einen guten Lebensunterhalt bescherte. So lebte sie bescheiden und glücklich bis an ihr seliges Ende.

nach Ludwig Bechstein

5a Was bedeuten folgende Ausdrücke? Kreuze an und schreibe auf, in welcher Zeile du sie gefunden hast.

1. „… um Holz zu lesen“ bedeutet: Zeile ☐
   - ○ um ein Buch zu lesen
   - ○ um Holz zu sammeln
   - ○ um ein Holzbuch zu lesen

2. „… mit ihrer Bürde Holz“ bedeutet: Zeile ☐
   - ○ mit ihrer Holzbürste
   - ○ mit ihrem Geschenk aus Holz
   - ○ mit ihrem schweren Stapel Holz

35b Ergänze den folgenden Satz!

Als sie mit ihrer Bürde

35c Schreibe die Frage auf, welche die Kinder der Mutter stellen.

35d Warum erlaubt die Mutter den Kindern nicht, mit dem Kätzchen zu spielen?

35e Warum wird die Frau belohnt? Kreuze an.

- ◯ Weil sie jeden Tag viel Holz sammelt.
- ◯ Weil sie viele Strümpfe stricken und verkaufen kann.
- ◯ Weil sie sich um das Kätzchen gekümmert hat.

36 Versteckte Tiere

In diesen Wörtern haben sich Tiere versteckt. Findest du sie?

Unterstreiche die gefundenen Tiernamen und schreibe sie auf.

Schwanz	Schwan
Dreihundert	
Blumentopferde	
Abenteuer	
Beule	
Eigelb	
Leselicht	
Haustier	

Teil 4: Leseprobe

37 Ruf der Wildnis

Lies dir den Text aufmerksam durch.

Ein großes Haus im sonnenhellen Tal von Santa Clara* war Bucks Heimat. Es lag halb versteckt hinter mächtigen Bäumen etwas abseits der Landstraße. Hier war Buck geboren, und hier hatte er die vier Jahre seines Lebens verbracht.

Eines Abends, als sein Herr bei einer Versammlung war, rief Manuel, der Gärtnergehilfe, Buck zu sich. Niemand sah und hörte es. Buck dachte, es wäre ein Abendspaziergang, als er mit ihm durch die Felder davonging. Unbemerkt von anderen Menschen trat ein Mann aus dem Schatten des kleinen Bahnhofsgebäudes, wechselte einige Worte mit Manuel und gleich darauf klapperte Geld in seiner Hand. Dann zog Manuel einen dicken Strick aus der Tasche und legte ihn als Schlinge um den Hals des Hundes.

„Brauchst nur ein bisschen anzuziehen, dann wird ihm die Puste schon ausgehen“, sagte er und lachte. Als Manuel die Enden des Strickes dem Fremden in die Hand gab, knurrte Buck. Schon spürte er einen Druck im Hals, der ihm fast den Atem nahm. Als er sich dagegen wehren wollte, legte sich die Schlinge immer fester um seinen Hals. Nie in seinem Leben

* Santa Clara = Stadt in Kalifornien in den USA

war er so behandelt worden, und nie hatte er eine solche Wut in sich gefühlt. Er merkte nicht, wie etwas Dunkles über ihn geworfen wurde und man ihn in den Gepäckwagen des Zuges schob.

So lag Buck nun Stunde für Stunde mit stillem Zorn in einem Holzverschlag. Er konnte sich nicht denken, was das alles zu bedeuten hatte. Was wollten die fremden Leute nur von ihm? Wie er am Ende seiner Reise erfahren sollte, sollte er wie viele andere Hunde mit starken Knochen und langen, dichten Haaren im bitterkalten Kanada in der Nähe der Stadt Dawson bei der anstrengenden Suche nach Gold helfen.

Nach drei Tagen in einem engen Käfig, ohne Essen und Trinken, wurde er zunächst in Seattle* ausgeladen. Auf einem Rollwagen wurde er durch enge Straßen bis auf einen kleinen Hof gefahren, der von hohen Mauern umgeben war. Ein dicker Mann nahm ihn in Empfang. Bucks Rückenhaar sträubte sich vor Wut, und mit aller Kraft rüttelte er an den Latten seines Käfigs. Der Mann lachte höhnisch und holte einen Knüppel herbei. Kaum war Buck aus dem Käfig gekrochen, begann der Mann, Buck zu schlagen. Der arme Hund versuchte sich zu wehren, war aber viel zu geschwächt. Er blieb regungslos liegen, nur seine Augen folgten dem Mann mit der roten Jacke.

* Seattle = Stadt in Washington in den USA

Dieser las einen Brief. „Hört auf den Namen Buck“, murmelte er. „Also, Buck, alter Junge“, sagte er dann freundlich. „Lassen wir es nun mit dem Kämpfen genug sein. Du weißt jetzt, woran du bist!“ Dann strich er furchtlos über den Kopf des Hundes, auf den er gerade noch eingeschlagen hatte.

Bucks Haare sträubten sich unwillkürlich unter der Berührung, aber er blieb still liegen. Sein Peiniger gab ihm etwas zu trinken und zu fressen, was Buck dankbar annahm. Die Tage kamen und gingen, und immer mehr Hunde erschienen auf dem kleinen Hof. Alle erhielten von dem roten Mann mit seinem Knüppel die gleiche Lehre. Ihm musste man gehorchen. Eines Tages kam ein kleiner untersetzter Mann mit verschrumpeltem Gesicht. Er sah sich um und deutete auf Buck: „Das ist ein verflucht feines Tier! Was kostet das?“ Geld klapperte und Perrault, ein Kanadier, nahm Buck für Dreihundert mit. Er kannte sich mit Hunden aus und hatte sofort gesehen, dass dieser etwas Besonderes war.

Er brachte ihn auf einen großen Dampfer, von dessen Verdeck er zum letzten Mal den sonnigen Süden sah. Tag und Nacht arbeiteten die Maschinen, und Buck kam es so vor, als ob die Luft kälter und rauer würde. Eines Morgens aber verstummte der Lärm der Maschinen. Eine merkwürdige Aufregung machte sich im ganzen Schiff bemerkbar.

Als Buck vom Schiff gebracht wurde, spürte er, wie seine Füße in einer weißen, lockeren Masse versanken, die ihm unbekannt war. Erschrocken sprang er zurück. Auch vom Himmel fiel solch weißes Zeug herab. Er schnupperte neugierig daran herum und steckte vorsichtig die Zunge hinein und sah, wie es plötzlich verschwand. Er konnte das nicht begreifen, denn so etwas war ihm unbekannt.

Leseprobe zum Text „Ruf der Wildnis“

Punkte

7a Finde vier zusammengesetzte Namenwörter im Text. (4)

7b Wie alt ist Buck? ☐ Jahre.

Unterstreiche die passende Stelle im Text blau. (2)

7c Welche Überschriften passen auch noch zu dieser Geschichte? Kreuze alle richtigen Antworten an. (2)

- ○ Bucks Reise
- ○ Der Mann
- ○ Der glückliche Hund
- ○ Tierquälerei

37d Bringe die Sätze in die richtige Reihenfolge, dann erfährst du, wie der Autor dieser Geschichte heißt. ⑥

- [ ] Buck ist in einem Käfig gefangen. LO
- [ ] Buck lebt in einem Haus in Kalifornien. JA
- [ ] Der Dampfer legt in Kanada an. ON
- [ ] Der Kanadier kauft Buck. ND
- [ ] Manuel geht mit Buck spazieren. CK

So heißt der Autor dieser Geschichte:

Vorname: ____ ____ (1, 2)

Nachname: ____ ____ ____ (3, 4, 5)

37e Warum entschied sich der Kanadier für Buck? ②
Unterstreiche die entscheidende Stelle grün und schreibe mit deinen Worten.

____

____

37f Warum schlug der Mann Buck? ①
Lies in den Zeilen 60-62 nach.

____

____

7g Was sah Buck zum ersten Mal in seinem Leben, als er das Schiff verließ? 1

____

7h Kreuze die **richtigen** Sätze an. 3

- ◯ Buck lebte mitten in der Stadt. LE
- ◯ Manuel verkaufte Buck. LES
- ◯ Buck reiste zuerst mit dem Schiff. MONE
- ◯ Der Mann mit der roten Jacke quälte Buck. EMO
- ◯ Der Kanadier bekam Dreihundert für Buck. TSE
- ◯ Als Buck das Schiff verließ, war es kalt. NSTER

Trage die Lösungsbuchstaben der Reihe nach ein!

Jetzt bist du ein richtiges ______ ______ ______ !

Von 21 Punkten habe ich ☐ **Punkte erreicht!**

Liebe Eltern, bitte helfen Sie Ihrem Kind bei dieser Übung! So kann es sein Lesetempo steigern!

Unten stehen 76 Wörter, die beim Lesen und Schreiben sehr häufig gebraucht werden! Lies die Wörter laut vor!

Ein Erwachsener soll mit der Uhr stoppen, wie lange du brauchst!

und	eine	oft	denn
des	von	so	dir
auch	dem	über	doch
einer	er	um	euch
der	als	uns	hin
auf	zu	vom	immer
es	nicht	vor	ja
sie	hat	warum	man
die	das	was	mein
für	mit	weil	mir
an	sich	wer	nein
nach	am	wir	nun
in	bei	ab	sein
ist	da	also	sind
werden	dich	bin	viel
ein	du	bist	wann
den	ich	dann	wenn
im	mich	dein	wie
aus	ob	wo	dann

Trage die Zeit ein!

1. Versuch: ☐ **Sekunden**

Übe nun und lies vier Tage lang die Liste täglich dreimal laut vor!

Lies im Anschluss daran einmal laut vor und lasse wieder einen Erwachsenen die Zeit beim Vorlesen messen!

Trage die Zeit ein!

2. Versuch: ☐ **Sekunden**

Bist du schneller? ☺ ja ☹ nein

Übe nun und lies vier Tage lang die Liste täglich dreimal laut vor!

Lies im Anschluss daran einmal laut vor und lasse wieder einen Erwachsenen die Zeit beim Vorlesen messen!

Trage die Zeit ein!

3. Versuch: ☐ **Sekunden**

Bist du schneller? ☺ ja ☹ nein

Karte für Aufgabe 34

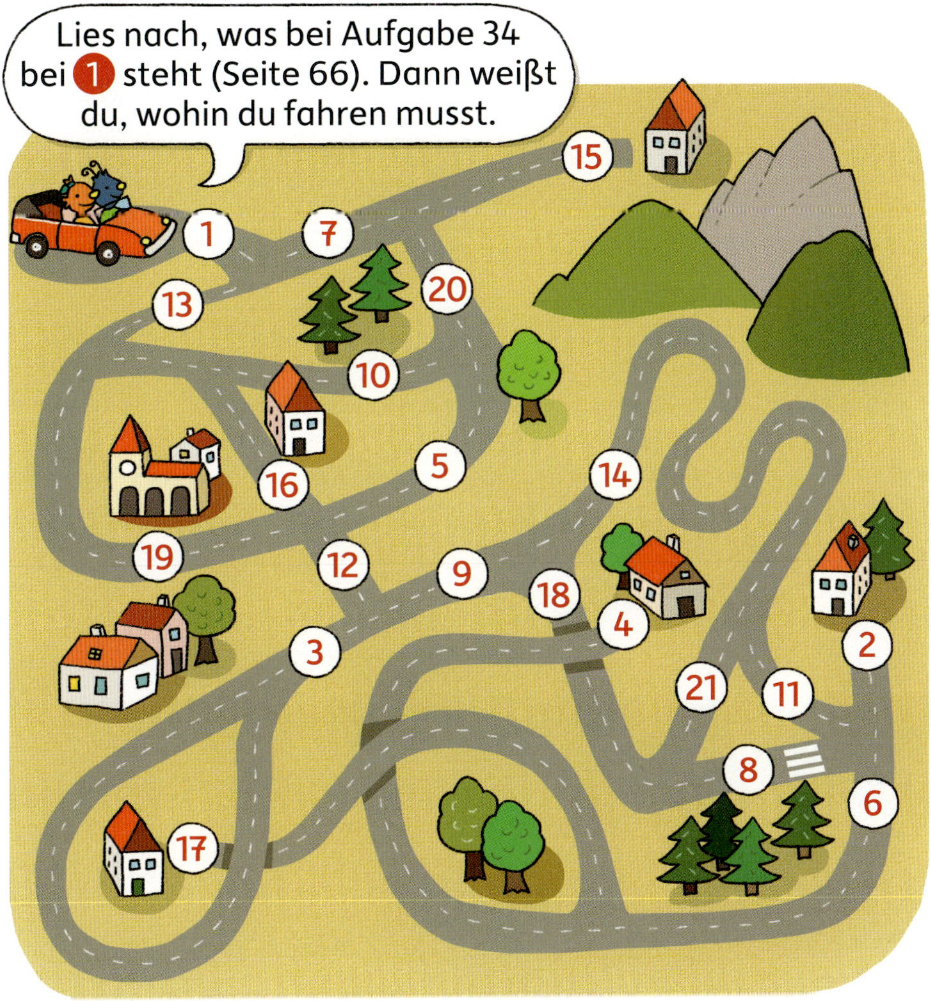

Verfolge den Weg und trage die Zahlen in der richtigen Reihenfolge ein.

1									